ET GASTON MIRON

Éditions Typo
Groupe Ville-Marie Littérature inc.
Une société de Québecor Média
1010, rue de La Gauchetière Est
Montréal (Québec) H2L 2N5
Tél.: 514 523-1182
Téléc.: 514 282-7530
Courriel: vml@groupevml.com

Vice-président à l'édition: Martin Balthazar

Photo de couverture: © Shane White

Catalogage avant publication de Bibliothèque et Archives
nationales du Québec et Bibliothèque et Archives Canada
Cornellier, Louis, 1969-
Lire le Québec au quotidien: petit manuel critique et amoureux
à l'usage de ceux qui souhaitent bien lire les quotidiens québécois
3e édition augmentée.
ISBN 978-2-89295-396-1
1. Journaux québécois. 2. Journalisme - Québec (Province).
3. Journaux - Lecture - Québec (Province). I. Titre.
PN4917.Q82C67 2013   071'.14   C2013-941003-1

DISTRIBUTEUR:
LES MESSAGERIES ADP*
2315, rue de la Province
Longueuil (Québec) J4G 1G4
Tél.: 450 640-1234
Téléc.: 450 674-6237
*filiale du Groupe Sogides inc.,
filiale de Québecor Média inc.

Pour en savoir davantage sur nos publications,
visitez notre site: editionstypo.com
Autres sites à visiter: editionsvlb.com • editionshexagone.com

Dépôt légal: 2e trimestre 2013
Bibliothèque et Archives nationales du Québec
Bibliothèque et Archives Canada

TYPO bénéficie du soutien de la Société de développement des entreprises
culturelles du Québec (SODEC) pour son programme d'édition.

Gouvernement du Québec – Programme de crédit d'impôt pour l'édition
de livres – Gestion SODEC.

Nous reconnaissons l'aide financière du gouvernement du Canada par l'entremise
du Fonds du livre du Canada pour nos activités d'édition.

Nous remercions le Conseil des Arts du Canada de l'aide accordée
à notre programme de publication.

LIRE LE QUÉBEC AU QUOTIDIEN

LOUIS CORNELLIER

Lire le Québec
au quotidien

Petit manuel critique et amoureux
à l'usage de ceux qui souhaitent bien lire
les quotidiens québécois

Troisième édition revue et augmentée

TYPO
Une société de Québecor Média

À la mémoire de mon grand-père maternel,
Raymond Roberge, un homme de devoir
pour qui la vie sans La Presse
aurait perdu son sens.

À mon père, qui m'a appris que l'homme
ne vit pas seulement de pain, mais aussi
de la conscience de ce qui se passe
dans le monde qui l'entoure.

Introduction

Lire le journal. L'activité, *a priori*, semble banale, évidente. Quoi de plus simple, en effet, que cette lecture quotidienne qui se pratique aussi bien chez soi, au restaurant, qu'au terminus ou ailleurs, qui ne nécessite qu'un engagement et une concentration à court terme et à laquelle tous, ou presque, dans la mesure où ils savent lire, peuvent s'adonner. Aussi, à la question « comment lire le journal ? », plusieurs sont tentés de répondre : « Tu le prends, tu l'ouvres, et puis tu le lis », comme si la chose allait de soi.

Ce n'est, pourtant, pas le cas. Bien sûr, on peut lire le journal de cette façon, disons, primaire. C'est malheureusement ainsi, d'ailleurs, que trop de lecteurs procèdent parce qu'on ne leur a jamais dit qu'il pouvait exister quelque chose comme une bonne méthode pour lire le journal. D'autres, qui n'ont jamais non plus vraiment réfléchi aux enjeux du geste, ont néanmoins appris, avec le temps et grâce à une pratique soutenue, à mieux lire ces imprimés quotidiens. Ils ont fini par comprendre, d'instinct pourrait-on dire, que tous les textes journalistiques ne sont pas de même nature et ne remplissent pas les mêmes fonctions.

C'est déjà beaucoup. Mieux, en tout cas, qu'une lecture primaire qui ramène tout sur le même plan et finit par tout confondre. Mieux, donc, mais pas suffisant pour prétendre au statut de bon lecteur de journal, c'est-à-dire de lecteur avisé et compétent.

Que faut-il donc savoir, alors, pour prétendre à ce statut ? C'est à cette question que ce modeste manuel entend donner une réponse à la fois pédagogique et engagée, c'est-à-dire subjective. Conçu comme un petit guide informatif et personnel, il se veut une sorte d'introduction très concrète au journalisme quotidien écrit et à ceux qui le font. Son intention est très claire et repose sur le rejet d'une opinion répandue, à savoir qu'il n'est nul besoin d'apprendre à lire le journal puisque cela se fait très bien à tâtons, par expérience : fournir à ceux qui en ont besoin, étudiants mais surtout citoyens, les outils nécessaires à une lecture intelligente des trois quotidiens francophones nationaux du Québec, c'est-à-dire *Le Journal de Montréal*, *La Presse* et *Le Devoir*.

Ce petit manuel, qui souhaite éviter le ton magistral pour lui préférer une parole plus passionnée, ne s'adresse donc pas directement aux journalistes en herbe en quête de techniques d'écriture. Ceux-là, pour cela, sont déjà bien servis ailleurs, entre autres dans les ouvrages de Pierre Sormany (*Le métier de journaliste*, Boréal, 2000), de Jacques Mouriquand (*L'écriture journalistique*, PUF, 1997) et de Jean-Luc Martin-Lagardette (*Guide de l'écriture journalistique*, Syros, 1994). Il ne s'adresse pas directement, non plus, aux cyniques qui cherchent à voir confirmée leur opinion selon laquelle le journalisme en général, et le journalisme québécois en particulier, sert plus à nous confondre et à nous manipuler qu'à nous informer et à nous éclairer. Sa perspective se veut plus incitative que critique, en ce sens qu'elle souhaite surtout mettre en lumière les bonnes raisons de lire les quotidiens d'ici plutôt que d'insister sur leurs seuls défauts.

Il traitera, bien sûr, au passage, de certains principes fondamentaux de l'écriture journalistique et il ne se privera pas de critiquer les défauts des journaux et des journalistes québécois. En ce sens, les deux groupes précédemment mentionnés y trouveront certainement matière à réflexion et à débat.

Son destinataire principal, toutefois, sera le citoyen, lecteur de bonne foi, qui souhaite transformer sa banale lecture du journal en exercice quotidien d'intelligence et de participation civiques. Celui-là, dans les pages qui suivent, se verra rappeler les codes essentiels du journalisme écrit au quotidien, pourra comparer les journaux québécois les uns aux autres sur la base de leurs qualités et de leurs défauts, et rencontrera, à travers une lunette critique, ceux et celles qui font ou tentent de faire l'opinion au Québec. Des encadrés, qui accompagnent le texte original et qui reprennent des textes que j'ai déjà publiés ailleurs (à l'exception d'un inédit), lui permettront de mieux connaître certaines des grandes figures du journalisme québécois et d'approfondir d'importants enjeux liés à l'univers journalistique. Il sera, en fin de parcours, si l'objectif est atteint, un lecteur de journaux consciencieux.

Hegel, dans une belle formule, affirmait que la lecture quotidienne du journal était la prière du matin de l'homme moderne. Il avait, bien sûr, raison, mais c'était un peu court. Le journaliste américain Walter Lippmann, en 1920, démocratisait, dans une formule encore plus belle qui hantera ces pages, le programme hégélien: « Parce que le journal est littéralement la bible de la démocratie, le livre par lequel le peuple oriente sa conduite. C'est le seul livre sérieux que lisent la plupart des gens. C'est le seul livre qu'ils lisent tous les jours. »

Contribuer à rendre cette lecture vraiment éclairante et de plus en plus passionnante pour la multitude, tel est l'objectif de ce petit manuel.

Enseigner le journal, une noble et nécessaire mission pédagogique

On se prononce beaucoup sur l'école, par les temps qui courent, mais c'est rarement pour dire des choses pertinentes. Depuis la rentrée, par exemple, les médias populaires de Montréal multiplient les faux débats autour de la couleur des bas des élèves et de l'odieux silence qu'on imposerait à ces pauvres petits. Ça entretient, comme on dit, les tribunes téléphoniques, ça fait vendre, de toute évidence, de la copie, ça donne bonne conscience à plusieurs qui, en se prononçant sur ces insignifiances, croient ainsi témoigner de leur intérêt pour la chose scolaire, mais ça nous fait surtout, au total, perdre un temps énorme qui devrait être consacré à des sujets plus essentiels, comme le contenu de l'enseignement par exemple.

Là encore, toutefois, la démagogie n'est jamais loin, et l'animateur radio-canadien Michel Lacombe en a fourni une éclatante démonstration, le samedi 20 septembre 2003, dans le cadre de sa très (trop?) conviviale émission *Ouvert le samedi*.

Ainsi, profitant d'une discussion autour d'un scandale anecdotique rapporté par *La Presse* la journée précédente, scandale qui tenait à ce qu'une enseignante de secondaire IV avait fait lire à ses élèves un article du *Journal de Montréal* qui racontait des scènes réelles de bestialité pratiquée dans un cadre familial, Lacombe n'a pu s'empêcher de relancer un vieux débat en dénonçant l'utilisation d'articles de journaux à titre de matériel pédagogique.

Pourquoi, a-t-il déclaré en substance, faire lire d'aussi mauvais textes, rédigés à la va-vite, quand on devrait plutôt faire lire de la vraie littérature? Comprenons-nous bien : son intervention ne visait pas seulement le très mauvais texte en cause dans le miniscandale déjà évoqué, mais bien tout texte journalistique, discrédité pour raison de médiocrité intrinsèque.

Outre le fait qu'un tel jugement ne rende pas justice au travail de plusieurs des collègues de l'animateur, on peut surtout se questionner sur les enjeux pédagogiques qu'il soulève.

Enseigner le journal (et non le journalisme, ce qui est autre chose), ce serait donc, pour un enseignant, manquer à sa mission et nourrir ses élèves de fast-food rédactionnel en négligeant les vrais grands textes dont la portée pédagogique serait nettement plus avérée? On permettra, je l'espère, à un prof qui enseigne le journal depuis plusieurs années au niveau collégial de s'élever vigoureusement contre une telle façon de voir les choses.

Le seul livre sérieux

Pourquoi, alors, le journal dans la classe? «Parce que le journal, comme l'écrivait le grand journaliste américain Walter Lippmann en 1920, est littéralement la bible de la démocratie, le livre par lequel le peuple oriente sa conduite. C'est le seul livre sérieux que lisent la plupart des gens. C'est le seul livre qu'ils lisent tous les jours.» Et il ne faudrait pas enseigner cela?

Dans un monde de plus en plus complexe, comme le nôtre, où les citoyens sont bombardés d'informations qui proviennent d'une multitude de sources dont la crédibilité n'est pas toujours facile à établir, dans une ère médiatique où le spectacle l'emporte souvent sur la substance et où de soi-disant informateurs prennent plaisir, parce qu'ils en tirent leur pouvoir, à entretenir la confusion entre les faits et les opinions, ce serait une perte de temps d'enseigner aux jeunes à être lucides à cet égard, à faire la part des choses, à comprendre que, quand le journaliste Pierre Foglia (ou, à la radio, Michel Lacombe) traite de pédagogie ou quand un quelconque chroniqueur (ou, à la télé, Jean-Luc Mongrain) se prononce sur les baisses d'impôts, ils n'émettent ni des faits ni des vérités, mais des opinions qui ne sont pas toujours sans lien avec la tribune d'où ils s'expriment? Le vrai scandale ne serait-il pas là, justement? Dans le fait de refuser aux citoyens en herbe, aux futurs électeurs et contribuables, les clés d'analyse et de compréhension du «seul livre sérieux» que la plupart d'entre eux liront, peut-être, quotidiennement?

L'engagement citoyen, qui exige entre autres une fréquentation intelligente des médias d'information, ne saurait advenir par miracle. Pour les jeunes issus de milieux privilégiés, il peut découler, parfois, mais il n'y a pas là d'automatisme, d'une transmission familiale. Pour les autres, toutefois, et même pour les premiers, une initiation et une stimulation scolaires s'avèrent incontournables. Il faut avoir une conception bien élitiste, ou naïve, de la société et du système d'éducation, pour croire que l'on peut devenir un lecteur averti du journal, et donc un citoyen responsable, sans l'aide de guides dans la classe.

Il ne s'agit pas, bien sûr, de négliger les grands textes qui, eux aussi, sans l'école, resteraient étrangers à la vaste majorité des étudiants. Plus encore, il faudrait leur faire plus de place puisqu'ils sont essentiels à l'apprentissage du « métier de vivre ». Mais « n'oublions pas, aussi, comme l'écrit la pédagogue Godelieve de Koninck, que pour plusieurs, le journal a valeur de vérité. Dans certains foyers, même, ce dernier est la seule lecture qui se fasse. Ce média possède une grande importance puisqu'il devient le lien entre son lecteur et le monde ». Aussi, pour cette raison même, pour que ce lien puisse s'établir pour tous et dans les meilleures conditions, enseigner le journal reste une des plus nobles et nécessaires missions pédagogiques.

L'Aut'journal, novembre 2003

CHAPITRE PREMIER

Éloge personnel
du journalisme québécois

J'ai commencé à lire le journal à l'âge de huit ans. Petit génie ? Pas vraiment. J'étais, tout simplement, maniaque de hockey et c'est là que je trouvais à me rassasier. Presque quarante ans plus tard, ma passion est toujours là, mais elle a subi un déplacement. C'est de journaux, aujourd'hui, que je suis fanatique et je m'intéresse encore, parce qu'ils en parlent, au hockey, mais aussi, surtout, à tout le reste. Ma passion du sport m'a donc fait découvrir les journaux qui, eux, m'ont fait découvrir le monde dans toute sa complexité. D'autres y sont venus par leur passion pour la musique, pour l'économie, pour la politique, pour les faits divers, mais tous, ou presque, parmi ceux-là, y ont élargi leurs horizons et sont devenus des habitués de leur quotidien de prédilection. Les journaux, c'est la beauté de la chose, créent une dépendance qui déniaise. Quand vous avez eu, à quelques reprises dans votre vie, accès au monde, de chez vous, par l'entremise du journal, vous n'avez plus envie de vous en priver pour quelques sous par jour.

Mon plus ancien souvenir de journalisme prend la figure du célèbre journaliste sportif Réjean Tremblay. Le style de ce dernier, qui consiste à parler de la vie en général en traitant d'événements sportifs, y est sûrement pour quelque chose. Ses contes de Noël populistes, qui humanisaient le monde du sport sur fond de guerre froide, me fascinaient, malgré leur relative maladresse narrative. De là, d'ailleurs, probablement, me vient mon attachement un peu trouble à l'histoire de l'Union soviétique.

Aujourd'hui encore, Tremblay, dont je n'ai jamais raté une seule chronique depuis mon enfance, pratique cet efficace mélange des genres auquel je dois ma passion pour la lecture du journal. Il concluait, par exemple, sa chronique-bilan de l'année 2004 en ces termes : « Autrement dit, ayez beaucoup de plaisir, mais ne prenez pas trop vos histoires de sport au sérieux. Ce qui compte vraiment, c'est le steak dans le frigo, quelques livres dans la bibliothèque et le bonheur dans les yeux des enfants. Le reste... » (*La Presse*, 31 décembre 2004) Et dire que si mon grand-père maternel n'avait pas été un inconditionnel de *La Presse*, je n'aurais peut-être jamais eu la chance de devenir un lecteur de journaux, c'est-à-dire de découvrir l'Union soviétique, le monde, et de relativiser l'importance du sport-spectacle...

Mon père, lui, ne jurait que par *Le Journal de Montréal*, CKAC et les nouvelles télévisées. À l'heure des « principales nouvelles », comme il disait, à Radio-Canada ou à TVA, il fallait se taire, ce qui n'était pas facile et pas souvent respecté. Chaque matin, c'était à savoir qui, de lui ou de moi, lirait son journal en premier, en le commentant, évidemment, pour faire participer l'autre à ses découvertes.

Quand j'ai eu 17-18 ans, le doux problème fut réglé. Étudiant en sciences humaines au cégep, je venais de découvrir ce que mes profs disaient être le meilleur journal du Québec: *Le Devoir*. Aussi, mon père, cédant à mes pressions, achetait son journal et le mien (et souvent *La Presse* aussi) et nous lisions l'un et l'autre dans l'ordre respectif que vous devinez. Il se moquait bien un peu du mien en disant qu'il était mince et en ajoutant que seul le sien parlait des vraies affaires, je me moquais du sien en le traitant de journal de faits divers, mais nous finissions par nous entendre pour dire que l'un complétait l'autre et nous recommencions le lendemain. Et dire que sans lui, et sans mes profs de cégep, je croirais peut-être, comme plusieurs, que la presse écrite se résume à *La Presse*…

Je lis aujourd'hui les trois quotidiens francophones nationaux du Québec. Ils ont tous, dans des proportions relatives, leurs qualités et leurs défauts, mais tous méritent, je crois, d'être lus pour une raison ou pour une autre que j'essaierai d'exposer plus loin. Pour l'heure, je voudrais formuler le plaidoyer suivant: le journalisme écrit québécois n'a rien à envier à ses équivalents ailleurs dans le monde.

Qu'il s'agisse pour lui de s'informer ou de lire des points de vue stimulants et rédigés avec style sur n'importe quel sujet, le lecteur de quotidiens francophones du Québec, en y mettant un peu du sien, c'est-à-dire en s'abreuvant à plus d'une source, a à sa disposition des outils divers et de qualité à même de lui fournir tout ce dont il a besoin pour être un citoyen éclairé sur les plans national et international. Plus encore, ces outils disposent, chacun, d'une personnalité qui leur est propre et qu'ils doivent à des artisans de talent bien conscients du fait qu'il faut d'abord intéresser si on veut informer efficacement et avoir une chance de convaincre.

Contre les esprits colonisés et chagrins qui s'extasient sur les grandeurs américaines et françaises en journalisme comme dans le reste, il ne faut pas hésiter à redire que notre journalisme écrit vaut bien celui de ces autres prestigieux, et qu'il n'appartient qu'à nous d'apprendre à en goûter les fruits… tout en les critiquant, bien sûr. C'est ce à quoi, c'est-à-dire goûter et critiquer, s'emploieront d'ailleurs les pages suivantes, dans un esprit de passion et de partage.

On peut déplorer le peu d'espace accordé à l'information internationale dans les grands quotidiens québécois. Il y a, toutefois, une explication politique à cette lacune. Le Québec, en effet, n'est pas un pays, mais une province. Par conséquent, il n'est pas directement présent sur la scène internationale, sinon par l'entremise du Canada, un État qui défend souvent des positions contraires à celle du Québec sur une foule d'enjeux (militaires et environnementaux, par exemple). Le Québec n'est donc pas à l'ONU, à l'UNESCO, aux Jeux olympiques ou dans une foule d'autres instances internationales. Cette absence, attribuable au statut provincial du Québec, peut expliquer le peu d'intérêt que les Québécois portent à l'information internationale, et la minceur de cette information dans nos quotidiens, tant il est vrai qu'on s'intéresse d'abord à ce qui nous concerne directement et à ce sur quoi on a prise. On peut donc raisonnablement formuler l'hypothèse que l'accession du Québec à la souveraineté, en permettant à l'État québécois de faire entendre directement sa voix dans les organisations internationales, ouvrirait les Québécois sur le monde et développerait leur intérêt pour l'information internationale.

Le goût du monde

Régionaliste par attachement à mes proches et au territoire qui est le mien, patriote par amour de l'histoire et de la culture qui m'ont fait être ce que je suis, je ressens tout de même fortement le lien qui m'unit au reste du monde, à l'aventure humaine qui se déroule en d'autres lieux, sous d'autres cieux, et le sentiment que «rien de ce qui est humain ne m'est étranger» habite ma conscience, qui s'en trouve ainsi alourdie mais au moins digne de son nom.

Cela dit, ce «reste du monde», cet «ailleurs» où se débattent mes frères en humanité, je me suis toujours refusé à l'appréhender en touriste, en partisan de cette idéologie touristique qui consiste à arpenter, «en guise de monde, un immense parc d'attractions, un musée interminable où l'identité et la différence s'offrent pareillement [au] regard discrétionnaire» (Alain Finkielkraut). Plutôt, c'est vers Kant, avec qui je partage entre autres mon état de pantouflard, vers son concept de «mentalité élargie» qu'il définit bellement comme l'aptitude à se transporter en pensée vers d'autres points de vue, que je me tourne pour mieux me rendre disponible au «chant général» (Neruda) du monde.

Or, sans médiation, cette sollicitude serait vouée à demeurer lettre morte. La mentalité élargie, sans le don d'ubiquité, exige des relais sans lesquels son développement achopperait au bout de la rue. Par chance, ces relais existent. Ce sont des techniciens, des cameramen, des photographes et des journalistes qui parcourent le monde afin de l'offrir en partage à leurs contemporains, par la voie de l'image, du son, de la parole.

Trop souvent, cependant, ces missionnaires, car ils en sont, assistent impuissants à l'amoindrissement, au détournement du fruit de leur travail. Les propriétaires d'agences de presse, les magnats de la presse, les gouvernements protègent leurs intérêts, souvent contraires à ceux des populations, en confiant aux chefs de pupitre la tâche de censurer ou de recontextualiser à leur avantage les voix de nos envoyés au bout du monde.

Ma mentalité élargie, je ne la veux pourtant pas nourrie par les sirènes de CNN ou autres méga-agences de presse qui fabriquent des événements plutôt qu'ils n'en livrent. Aussi me comprendra-t-on si je dis que pour respirer l'odeur du monde, pour goûter la saveur des multiples terroirs qui composent la planète, pour me pénétrer de l'enthousiasme, de la détresse et de l'espoir de mes contemporains, je ressens le besoin d'être relayé par des envoyés aux visages plus concrets et dont les yeux et l'âme ont baigné dans le même «proche» que les miens? Saisira-t-on l'importance que j'accorde à cette communauté de regard, même si je la sais toujours relative, dans la relation qui m'unit à ceux-là sur qui je compte et dont j'ai besoin pour revivifier, nuancer, ébranler ma conscience de l'ailleurs, du lointain ? Disant cela, je n'entends exclure d'aucune façon les autres voies, par exemple lire l'indispensable *Monde diplomatique* ou encore appréhender le sort de l'Afrique par l'entremise de ses reporters locaux, mais, j'y insiste, sans la reconnaissance d'une culture commune à l'heure de la partance, comment espérer parvenir à me transporter en pensée vers d'autres points de vue ?

Voilà les réflexions qui m'ont été inspirées par la lecture du beau livre de la reporter Francine Bastien (anciennement de Radio-Canada), *L'année des scorpions* (Les Intouchables, 1998), un essai en forme de « recueil de souvenirs, une ébauche de réflexions à bâtons rompus » que devraient lire tous ceux que le journalisme et la rumeur du monde intéressent.

Qu'on y pense : en moins de deux cents pages, pour moins de vingt dollars, j'ai pu replonger dans Jérusalem terrorisée par les Scuds de Saddam Hussein en 1991 ; dans un Port-au-Prince en proie au feu et aux instincts sanguinaires des ennemis de la démocratie en 1987 ; dans une Prague pacifique mais déterminée et rendue encore plus belle par la liberté naissante. Transporté aux confins du Chiapas, dans la nuit noire de Bucarest la veille de Noël 1989, j'ai pu partager, comme si j'y étais, la révolte des insoumis qu'un pouvoir en déroute mais résolu à perpétuer l'injustice tentait d'écraser et le courage de ceux et celles qui, souvent au péril de leur vie, plongeaient au cœur des événements afin de nous en communiquer la substantifique moelle.

Francine Bastien a signé un livre nécessaire et elle mérite, je crois, d'être saluée. Contre la figure du touriste qui parcourt le monde comme un grand magasin, son livre, rédigé dans un style journalistique clair et efficace, offre une profondeur du regard qui permet de faire l'expérience de l'altérité sans l'aplatir dans un sensationnalisme qui répond plus à une exigence de curiosité qu'à une sollicitude sincère.

Les faits, ici, sont rendus dans leur brut surgissement, mais ils sont par la suite pesés, réfléchis par la conscience critique de la journaliste (dont on pourra déplorer, à certains égards, le manque de radicalisme) qui étale aussi les conditions physiques et sociopolitiques dans lesquelles se déroule sa quête, faisant ainsi en sorte que le récepteur de ses découvertes puisse participer presque activement à leur interprétation. C'est un peu comme aller à tous les bouts du monde avec notre humanité, de chez soi, sans risque sauf celui de l'ébranlement des préjugés, et cela n'a pas de prix.

Le Devoir, 8 juillet 1998

CHAPITRE II

Principes généraux
pour une lecture éclairée

La presse écrite quotidienne remplit plusieurs fonctions. Elle informe, d'abord, en nous rapportant les événements importants. Elle prend position et nous incite à le faire en proposant des commentaires et des points de vue sur ces mêmes événements. Elle contribue, en remplissant les deux fonctions qui précèdent, à mobiliser ses lecteurs et la société autour de certains centres d'intérêt. Elle cherche, aussi, à divertir, autant par son ton général, parfois, que par certaines rubriques plus légères qui servent à mieux faire passer le sérieux de l'actualité (avec le danger de l'oublier). Ses deux rôles les plus importants, cela dit, restent les deux premiers : informer et prendre position.

Ne pas confondre information et opinion

Plusieurs lecteurs naïfs ont tendance à confondre ces deux rôles, ce qui affecte leur jugement sur la qualité de ce qu'ils lisent. Aussi, pour faire une lecture éclairée des quotidiens, le PREMIER PRINCIPE GÉNÉRAL à retenir est celui selon lequel *l'information et l'opinion ne doivent jamais être confondues parce que l'une et l'autre reposent sur des intentions différentes.*

Dans un texte intitulé « Fédéraliste ou souverainiste ? » paru dans *La Presse* (26 juin 1999), feu Claude Masson, alors éditeur adjoint à ce journal, résumait clairement ce principe. « Il ne faut pas confondre les deux rôles que représente un quotidien comme le nôtre, écrivait-il. La prise de position éditoriale est une chose. L'information offerte à nos lectrices et lecteurs en est une autre. L'information est indépendante de l'éditorial. »

La Presse, en effet, et pour prendre cet exemple, est un quotidien qui s'est doté, en 1972, d'une orientation idéologique favorable au maintien de la structure fédérale canadienne. Cette position est connue (ou devrait l'être) et elle colore la page éditoriale de *La Presse* qui représente la pensée du propriétaire du journal. Les chroniqueurs, toutefois, qui formulent eux aussi des opinions, mais qui n'ont pas le même statut que les éditorialistes, n'y sont pas soumis, même si on peut penser qu'ils y sont sensibles.

L'information présentée par *La Presse*, cependant, est censée être totalement indépendante de cette orientation idéologique. Masson, dans le même texte, précisait : « Au chapitre de l'information proprement dite, le contenu rédactionnel n'a pas à représenter la position éditoriale de *La Presse*. [...] Il doit exister un mur entre l'information et l'éditorial. C'est comme ça

dans les salles de rédaction de tous les grands journaux. » Alors, *La Presse* est-elle un journal fédéraliste ? Bien répondre à cette question exige de respecter la distinction qui précède : sur le plan éditorial, la
réponse est clairement oui ; sur le plan informatif, la
réponse est non.

Des critères d'évaluation distincts

Cette explication démontre donc, et c'est là le DEUXIÈME
PRINCIPE GÉNÉRAL à retenir, qu'*on ne saurait juger
tous les textes d'un quotidien à partir des mêmes critères*. Masson résume ainsi les critères qui s'appliquent
à l'information : « L'information publiée doit être
conforme aux faits et de nature à ne pas tromper le
public. Elle doit être exacte et complète, c'est-à-dire
que non seulement elle doit être conforme aux faits,
mais elle doit comprendre autant que possible tous les
éléments essentiels de ces faits. »

Dans le cas des textes d'opinion, une distinction
s'impose entre les éditoriaux et les chroniques. Pour les
premiers, qui représentent officiellement la position du
journal comme institution, le lecteur est en droit de
s'attendre à ce qu'on ne lui cache pas la nature partiale
de cette opinion. À lui, ensuite, d'en juger en toute
connaissance de cause sur la base de la valeur des arguments (qui ne sont pas des faits). Pour les secondes, le
lecteur doit simplement savoir qu'il s'agit là du point
de vue subjectif d'une personne. À lui, ensuite, d'en
évaluer la pertinence, sans faire porter à l'ensemble du
journal la responsabilité de l'opinion du chroniqueur
qu'il vient de lire.

Aussi, à l'heure d'évaluer un texte informatif, les QUESTIONS CRITIQUES ESSENTIELLES devraient être les suivantes : les faits présentés sont-ils vrais ou faux ? L'information est-elle complète ou non ? Les sources sont-elles bien identifiées ? L'information est-elle pertinente ou non, essentielle ou accessoire ? Fait-elle du lecteur un citoyen plus éclairé ou ne satisfait-elle que sa curiosité de consommateur et son côté voyeur ?

L'information fantôme

Les comptes rendus des courriéristes parlementaires contiennent fréquemment des informations recueillies auprès de sources « sûres », « bien informées », « près du gouvernement », c'est-à-dire de sources anonymes. Ces manquements à la règle déontologique qui « prescrit aux journalistes de citer et d'identifier leurs sources d'information » sont-ils justifiables ? Utiles ? Qui servent-ils ?

Dans cet ouvrage très technique (c'est une thèse de doctorat remaniée) mais néanmoins accessible, Marc-François Bernier, expert en éthique et en déontologie du journalisme, se penche sur cette pratique aux règles floues et tente d'en évaluer la pertinence.

Sa revue de la littérature théorique (surtout américaine) à ce sujet et son étude empirique portant sur la production des courriéristes parlementaires en poste à l'Assemblée nationale du Québec l'amènent à conclure que le fréquent recours aux sources anonymes permet aux journalistes de la colline d'enrichir quantitativement leurs informations, d'obtenir des primeurs, mais rarement de débusquer des primeurs mettant des scandales à jour. Les motivations des sources elles-mêmes sont multiples, mais elles relèvent surtout du désir de faire mousser des informations qui autrement auraient peut-être moins d'impact. Dans un univers de concurrence quasi permanente, les acteurs médiatiques (journalistes et entreprises) et politiques cherchent ainsi à se distinguer et à tirer leur épingle du jeu en s'utilisant mutuellement.

Le public y trouve-t-il son compte ? Voilà qui est loin d'être évident. Comment juger de la crédibilité d'une source anonyme et donc de l'information qui en émane ? Que reste-t-il de l'imputabilité d'une source qui joue les fantômes ? Cette pratique ne risque-t-elle pas d'entraîner une coopération opportuniste entre les acteurs politiques et ceux qui ont pour mandat de les observer au profit du public ? L'exigence de véracité au cœur du journalisme n'est-elle pas menacée par ce manque de transparence ?

Marc-François Bernier aborde avec précision toutes ces questions et bien d'autres encore qui leur sont connexes. Il ne condamne personne, mais il exprime des inquiétudes qui devraient faire réfléchir tous ceux qui ont à cœur l'idéal démocratique. Un travail salutaire.

Marc-François BERNIER, *Les fantômes du parlement. L'utilité des sources anonymes chez les courriéristes parlementaires*, Sainte-Foy, Presses de l'Université Laval, 2000, 154 pages.

Le Couac, mars 2001

Pour le texte d'opinion, les questions critiques essentielles seraient plutôt les suivantes : l'opinion est-elle honnête ou pas ? L'argumentation est-elle bonne ou mauvaise, transparente ou manipulatrice ? Devrais-je être ou non d'accord avec le point de vue défendu ?

Les genres journalistiques

Pour être essentielle, la distinction entre l'information et l'opinion ne résume pas tout. Il faut aussi savoir, et c'est là le TROISIÈME PRINCIPE GÉNÉRAL, que ces deux intentions, informer et prendre position, s'actualisent à travers des *genres journalistiques divers* dont quelques exemples ont déjà été mentionnés précédemment.

Dans la famille des textes d'information, on retrouve, principalement, la nouvelle, la brève, l'enquête et le reportage. La NOUVELLE est le genre informatif par excellence dans les quotidiens. C'est elle qui rapporte les événements les plus importants en répondant de façon détaillée aux questions suivantes: Qui? Quoi? Où? Quand? Comment? Pourquoi? La BRÈVE, comme son nom l'indique, est une nouvelle qui va à l'essentiel, en laissant les détails de côté. On l'utilise pour des informations que l'on considère moins importantes. L'ENQUÊTE, en général, repose sur une recherche approfondie et tente de faire le point sur une situation ou personne publique. Elle n'est pas aussi soumise au critère de l'actualité immédiate que la nouvelle ou la brève. Le REPORTAGE, enfin, est un genre qui n'est pas très fréquent dans les quotidiens. On le retrouve plutôt dans ce qu'on appelle les *magazines d'actualité* comme *L'actualité*, justement. Il s'agit d'un genre qui cherche à nous faire vivre l'événement comme si on y était et à en présenter les différentes facettes. Quand il concerne une personne, on parle plutôt d'un portrait.

Ces textes informatifs peuvent provenir de trois sources: les journalistes maison (parfois des pigistes), les agences de presse ou les journalistes maison d'autres journaux dont les textes ont été achetés par le journal qui les publie. *Le Devoir*, par exemple, publie souvent des textes produits par les journalistes des prestigieux quotidiens français *Le Monde* et *Libération*. *La Presse*, pour sa part, publie des textes produits par les journalistes des autres quotidiens que possède son propriétaire comme *Le Soleil*, *Le Nouvelliste* et *Le Droit*, entre autres. *Le Journal de Montréal*, enfin, est largement nourri par les journalistes de l'Agence QMI, l'agence de presse exclusive du groupe Québecor Média qui fournit du contenu à tous les médias de ce conglomérat : *Le Journal de Montréal*, *Le Journal de Québec*, *24 heures Montréal*, les hebdos régionaux du groupe Québecor, TVA, Le Canal Nouvelles (LCN), Argent, la chaîne canadienne-anglaise de journaux de la filiale Sun Media et la chaîne télé Sun News Network.

Les agences de presse principales, de grosses entreprises de presse qui envoient des journalistes aux quatre coins du monde (ou du Canada) pour produire des nouvelles qui sont ensuite traduites en plusieurs langues et vendues à des milliers de journaux, sont les suivantes : la Presse canadienne (PC), qui couvre l'actualité canadienne, l'Agence France-Presse (AFP), Associated Press (AP) et Reuters, respectivement française, américaine et britannique et à vocation internationale. Au début ou à la fin des articles, la provenance de ceux-ci est toujours indiquée. Évidemment, plus un journal contient d'articles écrits par ses journalistes maison, plus sa personnalité propre s'impose.

Dans la famille des textes d'opinion (ou argumentatifs), on retrouve, principalement, l'éditorial, la chronique et la critique. L'ÉDITORIAL est le genre le plus prestigieux parce qu'il représente la pensée du journal comme institution. Il est toujours présenté comme tel (la page éditoriale est bien identifiée) et, dans les quotidiens francophones québécois, signé par un journaliste. *The Gazette*, par exemple, le quotidien anglophone de Montréal, fait plutôt assumer ses éditoriaux par l'ensemble de son équipe éditoriale, tout comme *Le Monde*, en France. La CHRONIQUE, en général, appartient aussi au genre argumentatif, mais elle présente plus de liberté de ton et de contenu puisqu'elle est signée, la plupart du temps, par un journaliste-vedette qui ne s'exprime qu'en son nom personnel. Les éditoriaux et les chroniques s'accompagnent généralement de la photo du journaliste qui les signe, un code qui vise à indiquer que nous sommes bien dans le domaine de l'opinion. La CRITIQUE, enfin, porte sur les événements culturels et artistiques (littérature, cinéma, théâtre, musique, arts visuels, danse) et est, elle aussi, signée par un journaliste qui assume ses jugements subjectifs. Les textes d'opinion, sauf pour de rares exceptions, sont signés par des journalistes maison ou des journalistes indépendants affiliés au journal dans lequel ils expriment leurs points de vue.

Le journal : une entreprise

Le journalisme, malgré les critiques formulées à son égard, reste une activité plutôt respectée parce qu'elle

est considérée comme une forme d'art (près de la littérature) qui allie le courage à l'aventure dans la quête
de la vérité. Cette vision n'est pas fausse, mais elle est
très incomplète.

Les quotidiens, et c'est là le QUATRIÈME PRINCIPE
GÉNÉRAL à retenir, sont bien sûr des outils d'information et de réflexion, mais ce sont, aussi, des entreprises
commerciales qui doivent être rentables pour continuer à remplir leur mission. Cette contrainte, inévitablement, affecte le travail des journalistes et leur liberté
rédactionnelle. Pour être rentables, en effet, les quotidiens doivent attirer le plus grand nombre de lecteurs
possible, ce qui entraîne la nécessité de compromis
dans le choix et le traitement des sujets. Ils couvriront,
par exemple, des événements sans véritable importance si ces derniers sont vendeurs (faits divers ou
sport professionnel, entre autres) et ils en négligeront
d'autres peut-être plus importants, mais moins immédiatement intéressants (ce phénomène affecte particulièrement la politique internationale). Leur rôle,
comme le rappelle André Pratte dans son essai *Les
oiseaux de malheur* (VLB éditeur, 2000), devrait être
de rendre intéressant ce qui est important, et non de
donner de l'importance à ce qui est intéressant, mais
la contrainte économique, dans cette mission, pèse
lourd.

De même, l'influence des annonceurs n'est pas à
négliger. Les quotidiens, aujourd'hui, tirent leur revenu surtout de la publicité. Plus un journal a de lecteurs, plus il peut vendre cher son espace publicitaire.
Cette logique entraîne donc la course aux lecteurs à
tout prix (comme dans le phénomène expliqué au

paragraphe précédent) et soumet les quotidiens, au moins relativement, aux pressions des annonceurs. Si, par exemple, une quelconque grosse compagnie achète pour 100 000 $ de publicité à un grand quotidien, celui-ci se sentira malvenu de faire enquête sur les pratiques douteuses de son annonceur. Cela ne signifie pas pour autant que les grands quotidiens sont soumis aux diktats de leurs annonceurs, mais cela signifie au moins que la liberté totale et absolue, dans cet univers, n'existe pas.

La vision de Chomsky et McChesney

Propagande, médias et démocratie fait d'une pierre deux coups en regroupant deux virulents pamphlets qui mettent les médias de masse au poteau. Noam Chomsky, célèbre intellectuel américain, signe le premier, pour ensuite faire place à son collègue Robert W. McChesney, professeur à la faculté de communications de l'Université de l'Illinois. La préfacière Colette Beauchamp nous prévient: «Le choc est violent mais salutaire [...].» Voyons voir.

Fidèle à lui-même, Chomsky travaille au rouleau compresseur analytique. Les habitués du militant n'apprendront cependant rien de neuf ici. L'homme, c'est son défaut, est redondant et il recycle beaucoup son matériel. La faute en revient-elle aux situations qu'il dénonce et qui, elles, ne changent pas non plus? On peut le penser. S'il en reste, cela dit, qui ne connaissent pas encore la critique chomskyenne des médias et de la société américaine, ils pourront la découvrir ici avec facilité et probablement, comme ce fut mon cas il y a quelques années, avec le sentiment d'assister à une révélation mettant au jour un envers du décor que tous soupçonnent plus ou moins d'être plutôt tordu.

Les médias, pour Chomsky, sont une machine de propagande au service d'une conception du monde faussement démocratique puisqu'elle repose sur une idéologie politique qui divise la société en trois groupes qu'il s'agirait de maintenir en place : les puissants, essentiellement les possédants économiques et leurs valets politiques, leurs sbires intellectuels qui ont pour mandat de les légitimer et, finalement, la vaste majorité des citoyens réduits à l'état de membres du « troupeau dérouté ». Les premiers ont des intérêts économiques et de pouvoir à défendre, les seconds les singent en les cautionnant et les derniers sont entretenus à coup de propagande dans leur état d'isolement et de passivité politique. Chomsky parle d'une « démocratie pour spectateurs » et accuse les médias, surtout les grands, de contribuer à ce statu quo.

Intitulé « Les exploits de la propagande », son texte se veut en fait une histoire de la propagande médiatique américaine au XXe siècle. Amorcé en 1916 sous le mandat de Wilson qui voulait transformer le pacifisme des Américains en bellicisme anti-allemand, ce matraquage médiatique servira tout au long du siècle à fabriquer une opinion publique conforme aux vœux des possédants. L'industrie des relations publiques imposera aux médias dans leur ensemble des techniques de détournement de l'information visant à saturer l'espace public de slogans (par exemple, « la grève, c'est le désordre ») tenant lieu de vérités indiscutables.

Les médias, dans ce portrait, apparaissent comme des falsificateurs d'histoire (la guerre du Viêt Nam aurait fait 3 ou 4 millions de victimes, mais les Américains évaluent plutôt leur nombre à 100 000), des fabricants d'ennemis imaginaires (narcotrafiquants, terrorisme, Hussein, Castro, Milosevic) destinés à distraire de l'essentiel (les politiques sociales) et, enfin, comme de faux preux chevaliers à la «sensibilité sélective». Ainsi, le dissident cubain Valladares accède à toutes les tribunes, mais les suppliciés du Salvador, en comparaison desquels «les mémoires de Valladares sont un événement mineur», n'ont droit qu'au silence.

Dans le monde de Chomsky, l'affaire est entendue: les médias de masse ne nous seront d'aucun secours dans la lutte pour une véritable démocratie. La culture dissidente, qui «en dépit de tous les obstacles a survécu», ne devra compter que sur ses propres moyens. Illustrée et défendue avec une certaine efficacité, la thèse pèche cependant par simplisme. Salutaire, le choc? En partie seulement.

Le privé comme obstacle

Plus rigoureux, le professeur McChesney s'attaque, dans «Les géants des médias, une menace pour la démocratie», au contrôle privé des médias: «L'assise commerciale des médias a des effets négatifs sur la manière dont s'exerce la vie politique en démocratie.» Citant l'ex-président américain James Madison selon lequel «un gouvernement par le peuple où le peuple est privé de l'information ou des moyens de l'obtenir n'est rien d'autre que le prologue d'une farce ou d'une tragédie, peut-être bien des deux», McChesney s'emploie à démontrer que l'histoire de la commercialisation des médias est aussi celle de leur perte de vitalité et du recul conséquent de la démocratie.

Dans le meilleur chapitre de son analyse qui cherche à cerner «le problème du journalisme», le professeur résume cette évolution : au journalisme vigoureux et très partisan, exempt de publicité, du premier demi-siècle de la république américaine a succédé une presse toujours partisane mais de plus en plus obsédée par l'idée de profit, un processus qui a finalement abouti, au XXᵉ siècle, à la dictature de la pub, du marché, sur les médias.

La professionnalisation du métier de journaliste a fait le reste en imposant le culte d'une objectivité mythique tout juste bon «à faire passer les médias capitalistes, financés par la publicité, pour une source d'information objective aux yeux de nombreux citoyens» et en donnant naissance à cette plaie qu'est l'industrie des relations publiques.

Le constat pour aujourd'hui désole : le mercantilisme effréné a pris la place de la mission de service public, les géants des médias se sont constitués en oligopoles afin de se préserver des pires effets de cette concurrence dont ils chantent tant les vertus par ailleurs et ils consacrent leurs énergies à faire main basse sur Internet, avec pour résultat que l'offre se dégrade et ne remplit plus son noble rôle d'instrument démocratique : «Moins de journalistes, des budgets limités, des salaires bas et un moral plus bas encore, tout cela a fait que le pouvoir est passé dans le camp de l'industrie des relations publiques qui cherche à remplir les médias d'informations favorables à ses clients.»

Les possédants peuvent bien tenter de faire diversion en accusant les journalistes d'être trop sévères à leur égard et trop favorables à des politiques sociales progressistes, cette mascarade ne sert en fait qu'à détourner les critiques de la véritable stratégie des managers : « Ils sont pleinement conscients que le marché censure implicitement le journalisme et le confine dans le champ toujours plus étroit qu'ils considèrent comme acceptable. » D'où leur acharnement contre les médias à caractère public.

McChesney, en conclusion, avance quelques propositions de réforme (taxe sur la pub servant à financer les médias publics, loi anticoncentration, implication des syndicats) en insistant avec raison sur l'idée selon laquelle la fatalité n'existe pas et que notre monde peut nous appartenir si nous nous y engageons.

Rédigés dans une perspective essentiellement américaine (McChesney propose d'ailleurs à quelques reprises Radio-Canada comme modèle à suivre à ses compatriotes), ces deux pamphlets plutôt cinglants dépaysent parfois le lecteur québécois, mais ils ont quand même à lui dire des choses qui le concernent. On pourra, cela dit, leur reprocher (surtout à la contribution de Chomsky) leur outrance critique.

Noam CHOMSKY et Robert W. MCCHESNEY, *Propagande, médias et démocratie*, Montréal, Écosociété, 2000, 208 pages.

Le Devoir, 1er avril 2000

Trois experts québécois se prononcent

Pour ajouter quelques précisions à ces principes généraux, il peut être intéressant de présenter les points de
vue de trois experts québécois en la matière. Voici donc,
en résumé, les visions défendues par trois journalistes
québécois d'expérience qui ont réfléchi à ces questions.

Les huit vérités du journalisme selon Jacques Guay

D'abord journaliste dans plusieurs quotidiens du
Québec, Jacques Guay a ensuite enseigné ce métier à
l'Université Laval. Dans un essai publié à titre pos-
thume en 1996 et intitulé *La presse des autres* (Lanctôt éditeur), il se prononçait sur les grandeurs et les
misères du journalisme québécois. Les trois premiers
chapitres de cet ouvrage contiennent ce que j'ai appelé les huit vérités du journalisme selon Jacques Guay.
Les voici, en résumé.

    D'abord, selon lui, le rôle essentiel du journa-
liste est « d'informer sans compromis et au risque de

déplaire à beaucoup de monde ». Informer, ensuite, cela veut dire mettre en contexte et effectuer un suivi. Il ne s'agit donc pas de sortir une nouvelle pour l'oublier par la suite. Troisième vérité : le droit à l'information – celui d'informer et celui de s'informer – est un droit fondamental, mais, quatrième vérité, il ne s'applique qu'à des informations significatives servant l'intérêt public. Aussi, cinquième vérité, il peut connaître « certaines limites raisonnables » telles que « le droit à la vie privée, le respect des personnes et, dans notre système pénal, la présomption d'innocence, la défense pleine et entière, le procès juste et équitable ». L'information, sixième vérité, doit découler de sources dont la nature fait partie de l'information. « Le journaliste, écrit Guay, ne fait pas de la fiction. » Septième vérité : il faut distinguer les faits des opinions. Enfin, huitième vérité, les opinions « ne doivent pas être gratuites, mais reposer sur une argumentation permettant aux lecteurs ou aux auditeurs de partager ou non les conclusions auxquelles arrive le journaliste ».

Cette grille d'analyse, pour l'essentiel, reprend, en d'autres termes, et enrichit les principes généraux présentés précédemment.

Le rôle des médias et des journalistes selon Pierre Sormany

Journaliste chevronné qui a été directeur des émissions d'affaires publiques de la télévision de Radio-Canada et professeur à l'Université de Montréal, Pierre Sormany, maintenant directeur général et éditeur de Vélo-

Québec Éditions (*Québec Science*, *Géo-Plein Air* et *Vélo-Mag*), est aussi l'auteur d'un ouvrage intitulé *Le métier de journaliste* (Boréal, 2000, pour la nouvelle édition) qui est le meilleur guide d'écriture journalistique paru au Québec. Dans un des chapitres de ce livre, il répond aux questions suivantes : « Pourquoi les médias ? Pourquoi les journalistes ? »

Selon Sormany, les médias doivent être, de nos jours, des lieux de « partage culturel ». Il résume : « L'information significative est celle qui éclaire la société où l'on vit, celle qui nous met en "communion" avec les autres, celle que l'on partage avec ses voisins de quartier, avec les gens que l'on rencontre quotidiennement. » Aussi, dans cette logique, le rôle du journaliste est donc « de rapporter l'événement au bénéfice de ceux qui n'ont pu y assister, ou pour permettre à ceux qui en ont été témoins de pondérer leur jugement en le confrontant avec un commentaire externe, avec des données additionnelles ». Sorte de « guides de l'essentiel », les médias de masse doivent toutefois faire des choix dans cette mission afin de rapporter « tout ce qu'il faut savoir, mais uniquement ce qu'il faut savoir ». Le journaliste, pour respecter cette contrainte, doit donc « reconstruire le réel selon les règles de la communication, en fonction de l'efficacité de message ». Au lecteur, ensuite, de juger de la pertinence de ces choix et de cette reconstruction en fonction des critères d'évaluation qui s'appliquent aux types de textes concernés.

L'objectivité selon Pierre Bourgault

Maître du journalisme d'opinion, le regretté chroniqueur Pierre Bourgault, qui a travaillé dans les trois principaux quotidiens du Québec en plus d'enseigner le journalisme à l'UQAM, avait une vision bien particulière de l'objectivité, que plusieurs considèrent encore comme le critère principal de qualité journalistique. Précisons d'abord une chose : ce critère, on l'a dit, n'a de sens qu'appliqué au journalisme d'information puisque le journalisme d'opinion est, par nature, subjectif. La réflexion de Bourgault, néanmoins, peut être utile pour l'un comme pour l'autre.

Dans un texte publié dans le tome II de ses *Écrits polémiques* (Lanctôt éditeur, 1996) et intitulé « L'objectivité », Bourgault, sans prendre la peine de mentionner si sa réflexion s'applique à l'information ou à l'opinion, affirme que l'objectivité absolue n'existe pas puisque, devant une situation, être neutre, c'est encore prendre position. Tout observateur, écrit-il, est influencé par sa sensibilité, son point d'observation, sa formation et ses préjugés, de même que par son talent. « On peut être plus ou moins indépendant de tout sauf de soi-même », écrit-il. Aussi, à son avis, il vaudrait mieux laisser tomber la notion d'objectivité pour lui préférer celle de « subjectivité honnête », qui consiste à décrire une situation ou une personne « à partir d'un cadre de référence donné et perçu pour ce qu'il est ». En d'autres termes, Bourgault suggère de tendre vers une certaine objectivité dans l'observation tout en sachant que celle-ci reste hors d'atteinte, étant donné que « l'observateur n'est jamais abstrait ».

Fascinante et toujours susceptible de stimuler de riches débats, la réflexion de Bourgault pèche toutefois par la confusion des genres qu'elle entretient, même si elle a au moins le mérite d'interdire la naïveté à cet égard. Pour être bien claire, elle aurait dû contenir les distinctions suivantes : le texte d'opinion n'est pas et n'a pas à être objectif et, en ce sens, ceux qui le pratiquent doivent fournir leur cadre de référence au lecteur afin d'éviter toute ambiguïté ; le texte d'information doit tendre à l'objectivité, mais, puisque cet idéal est hors d'atteinte, ceux qui le pratiquent doivent reconnaître qu'ils œuvrent à l'intérieur d'un cadre de référence à la fois individuel et institutionnel (le média dans lequel ils écrivent).

L'enjeu de la crédibilité

Le métier de journaliste repose sur la crédibilité. Les gens peuvent-ils nous croire, quand nous rapportons certains faits en leur accordant ainsi une certaine importance, ou nous faire confiance, c'est-à-dire reconnaître notre intégrité, quand nous commentons ces mêmes faits ou d'autres ? S'il fallait que ce ne soit pas le cas, le journalisme, tant d'information que d'opinion, perdrait sa valeur et son sens.

Or, justement, ce n'est pas toujours le cas, et la faute, selon Mario Cardinal, en revient en grande partie aux journalistes eux-mêmes et aux entreprises qui les engagent. Dans un vigoureux essai de praticien qui s'inspire d'un réformisme critique semblable à celui d'un André Pratte dans *Les oiseaux de malheur*, Cardinal, ex-ombudsman de l'information à la Société

Radio-Canada, s'insurge contre ces dérapages qui transforment l'information en marchandise, en divertissement et en propagande.

Si, comme le suggère le titre de cet ouvrage, *Il ne faut pas toujours croire les journalistes*, c'est, entre autres, parce que leur manière de couvrir l'actualité politique a été modifiée par le culte de l'image qui caractérise la société actuelle. «Les journalistes, écrit Cardinal, ont développé un esprit carnassier qui n'a plus rien à voir avec l'objectif de la démarche d'informer.»

Pour contrer les manœuvres des faiseurs d'image qui s'agitent autour des politiciens, surtout en situation de crise, le journaliste «s'est replié, par stratégie défensive, dans un comportement de batailleur. La dynamique, qui était jadis une dynamique de transmission du message à plus large auditoire, en est devenue une d'affrontement.» Ainsi, la couverture de l'événement à la petite journée, qui permet de coincer le politicien fuyant, a remplacé l'intérêt porté aux grandes questions, plus exigeant et moins vendeur.

Pour sortir de cette logique de l'affrontement qui détourne le métier de journaliste de sa fonction première, il faudrait, suggère Cardinal, que les journalistes sachent prendre leurs distances des politiciens et renouent avec l'art du reportage et de l'enquête qui ne saurait s'exercer dans un autobus de campagne électorale ou de point de presse en point de presse. La crédibilité du journalisme d'information ne consiste pas à remporter des joutes oratoires contre des politiciens.

Elle se trouve plutôt dans la transmission de bonnes informations, c'est-à-dire d'informations d'actualité, significatives, intéressantes, communicables et vraies. Or, la convergence médiatique ne peut que nuire à cette mission. Quand *Le Journal de Montréal*, par exemple, annonce à la une: «Corneliu sauvé par le public», il trompe justement ce même public en transformant un fait insignifiant en information essentielle.

De même, «la concentration de plusieurs organes d'information entre les mains d'un même groupe ainsi que les conglomérats, dont les entreprises de presse ne constituent qu'une infime partie des actifs, peuvent constituer des dangers mortels pour l'information». Dans la saga du CHUM, par exemple, *La Presse* ne peut avoir de crédibilité éditoriale puisque son propriétaire est aussi un des lobbyistes les plus actifs du projet Outremont: «Le contenu des éditoriaux n'est pas crédible. Non à cause de celui qui l'a écrit. Non à cause de l'argumentaire qui est solide. Mais, simplement, parce que le dossier du CHUM, dans une prise de position à son sujet, prend le même visage qu'*Occupation double* dans *Le Journal de Montréal.*»

À ces dérapages s'en ajoutent d'autres qui sont directement reliés au phénomène relativement récent des chaînes d'information continue. La voracité de ces chaînes en quête incessante de contenu ne va pas sans entraîner une certaine distorsion sur le plan de l'information. Ainsi, des «événements insignifiants prennent une importance démesurée lorsqu'ils sont couverts en direct»; la tyrannie de l'image s'installe au point où «ceux qui veulent créer l'événement et l'imposer aux médias n'ont qu'à fournir des images les plus percutantes possible [...]. Et tant pis pour les événements fortuits qui [...] ont le malheur de se produire dans des endroits inaccessibles ou dans des pays pauvres»; le manque de temps dans la confection des reportages entraîne «la fin du journaliste-témoin et le début du témoin-journaliste».

Propagande

Le patriotisme, bien sûr, pour le citoyen ordinaire, n'est pas une tare. Pour un journaliste, toutefois, il constitue un danger qui risque de l'entraîner vers le mépris des faits, un phénomène malheureusement trop fréquent selon Mario Cardinal qui retient trois exemples pour l'illustrer. Les journalistes anglophones du Canada, surtout depuis l'élection du Parti québécois (PQ) en 1976, s'adonnent trop souvent sans vergogne à un patriotisme antiquébécois de principe. «Le référendum de 1995, constate Cardinal, devait leur donner l'occasion d'afficher leur patriotisme avec encore moins de réserve, ravalant, chez certains journalistes sans pudeur, la profession au rang de pure propagande, sinon de littérature haineuse. »

Pour justifier cette partisanerie, certains analystes sont allés jusqu'à prétendre que «si les nouvelles font état d'un consensus différent du consensus populaire, il y a manipulation du processus démocratique». Cette définition de l'information, qui contredit le principe d'équité, fait dresser les cheveux sur la tête de Cardinal qui demande: «La SRC, dont la plus grande partie de la clientèle réside au Québec et est francophone, aurait-elle dû accorder 60 % de son temps d'antenne au camp du OUI? » Le consensus populaire américain justifie-t-il que, «dès que le canon tonne, l'identification des journalistes à la machine militaire ne soulève aucun scrupule »? Que reste-t-il de la noble mission d'informer, quitte à déplaire, dans cette attitude qui consiste à se faire le miroir de l'opinion populaire?

Les journalistes québécois, à ce titre, ne sont pas au-dessus de tout blâme. Prenant prétexte du mauvais accueil (de mauvaise foi, ajoute-t-il) québécois réservé à la série *Le Canada, une histoire populaire* dont il était le rédacteur en chef, Cardinal se désole du silence que réserve la presse québécoise aux événements du reste du Canada : « Il y a, dans ce comportement, une sorte de tromperie intellectuelle envers le public qui, indépendantiste ou fédéraliste, a le droit de savoir ce qui se passe dans ce pays dont dépend et dépendra son bien-être jusqu'à la souveraineté du Québec, si jamais elle se produit, et même après. »

En revenant aussi en détail et avec toutes les nuances nécessaires sur l'affaire Normand Lester (« En publiant *Le Livre noir du Canada anglais*, M. Lester a enfreint le guide de déontologie de la Société, et la Direction de l'information se devait de réagir. Elle n'était pas justifiée de congédier Lester et elle ne l'a pas fait ») et en condamnant le règne débridé du fait divers qui dégrade la pratique du journalisme québécois, Mario Cardinal clôt un parcours critique qui s'avère une très convaincante leçon de déontologie journalistique.

« L'heure de l'exigence éthique a sonné depuis longtemps », écrit-il, en invitant les journalistes à délaisser le divertissement et la propagande au profit de ce qui fait la noblesse de leur métier : informer sur ce qui compte. Il leur faudra, pour cela, affronter les marchands du temple.

Mario CARDINAL, *Il ne faut pas toujours croire les journalistes*, Montréal, Bayard Canada, 2005, 288 pages.

Texte inédit

Il y aurait encore beaucoup à dire pour vraiment faire le tour de cet univers. Il faudrait, par exemple, aborder la question de l'ordre des informations et de l'espace qu'on leur accorde. Une nouvelle placée à la une d'un journal n'a pas le même impact qu'une autre qu'on peut lire en page 18. Traiter un événement en brève plutôt qu'en nouvelle (ou ne pas le traiter du tout), c'est aussi porter un jugement de valeur sur son importance. Claude Masson, dans un texte déjà cité (voir ci-dessus, p. 26-27), réglait la question un peu vite : « La décision de publier telle ou telle information, en telle page, de la titrer de telle façon, de la présenter avec plus ou moins d'importance, dans le cahier A, B, C, D, E ou autres cahiers relève de la compétence et du jugement des professionnels de l'information que sont les journalistes, dans quelque fonction qu'ils occupent : rédacteurs ou pupitreurs. » En théorie, il a raison. En pratique, toutefois, et cela donne raison à Bourgault qui prétend que l'objectivité pure n'existe pas, on sait que ces choix reflètent parfois, dans une certaine mesure, l'orientation idéologique de ceux qui les font. Prenons deux exemples. Le 4 mai 2005, les péquistes Bernard Landry et François Legault présentaient une nouvelle analyse des finances publiques d'un Québec souverain qui suggérait des surplus à venir. Le lendemain, *Le Devoir* en faisait une de ses manchettes principales à la une. *La Presse*, pour sa part, ne consacrait à cette annonce qu'une brève de la Presse canadienne en page A15. Le 22 janvier 2013, le Parti québécois annonce qu'il présentera à ses militants un plan d'action visant à promouvoir la souveraineté. Le lendemain, on peut lire, à la une du *Devoir*, que « Marois lance une offensive souveraineté », alors que *La Presse* se contente d'une brève en page A13. *Le Journal de Montréal*, lui, n'en parle même pas. Aussi, à ce sujet, on ne peut que recommander la lecture de l'excellent essai de Pierre Berthiaume intitulé *Le journal piégé ou l'art de trafiquer l'information* (VLB éditeur, 1981), qui défend la thèse selon laquelle « il n'y a pas d'information véritable parce que celle-ci est toujours déviée, pour des raisons politiques, idéologiques ou simplement commerciales ».

La vision d'Anne-Marie Gingras

Les médias remplissent-ils leur rôle d'agora libre permettant la discussion publique et contribuant ainsi à l'élargissement de l'horizon démocratique ou sont-ils plutôt des appareils idéologiques au service de l'inertie sociale ? Doit-on les qualifier d'outils démocratiques ou d'usines à fabriquer du consentement ? Le débat fait rage, surtout depuis le milieu du XXᵉ siècle, et l'époque actuelle, dominée par le paradigme de la communication, nous fait une obligation de le poursuivre.

Professeur de science politique à l'Université Laval, Anne-Marie Gingras, avec *Médias et démocratie. Le grand malentendu*, se lance dans la mêlée visière levée : « Nous voulons déconstruire l'image romantique du journaliste valeureux à la recherche des faits et celle tout aussi romantique des médias comme sphère publique, une conception qui s'appuie davantage sur des croyances que sur des faits. » Analyse méthodique du fonctionnement des médias, cet ouvrage au ton universitaire adopte une perspective à ce point critique qu'on peut en parler comme d'un projet polémique.

La conception occidentale des médias, écrit Gingras, correspond au modèle (ou à l'idéal-type) de la sphère publique tel que théorisé par le philosophe allemand Jürgen Habermas. Dans ce modèle, le gouvernement par le peuple se réalise au moyen de la délibération publique par l'entremise des médias définis en fonction de trois caractéristiques : la rationalité, l'accessibilité et la transparence. Or, ce modèle est en crise parce que la réalité le contredit : l'irrationalité ne cesse d'occuper une place importante dans le débat public, le mythe de l'accessibilité est battu en brèche par plusieurs études qui « suggèrent qu'un nombre fort restreint d'acteurs sociaux ont accès aux médias » et l'idéal de transparence se voit contredit par l'expérience qui sécrète le mensonge, tant du côté politique que médiatique (où prolifère, de plus, le recours aux sources anonymes).

Cette première étape critique amène l'analyste à constater que le lien établi entre les médias et la démocratie relève du malentendu et à développer, en s'inspirant des études critiques néo-marxistes, le modèle de l'appareil idéologique qui lui semble mieux rendre compte de la réalité. Un croisement et une relecture des travaux d'Adorno et Horkheimer, de Gramsci, d'Althusser, de Douglas Kellner et de Stuart Hall lui permettent de proposer de « voir le rôle des médias comme un des maillons dans l'ensemble des moyens dont disposent les élites pour maintenir leur domination sur la société, et plus précisément leur hégémonie, un concept qui suppose une forme d'acceptation des faits par la collectivité ». Afin de contrer les accusations de dogmatisme, elle précisera cependant qu'il faut éviter la posture déterministe et plutôt tenter de situer les divers médias (et ceux qui les font) sur le *continuum délimité*, d'un côté, par l'idéal de la sphère publique et, de l'autre, par le modèle de l'appareil idéologique, un pôle beaucoup plus fréquenté selon elle.

Sa démonstration, qu'elle dit fondée sur une analyse matérielle et symbolique des médias, débute avec un regard critique posé sur les rapports entre les médias et les pouvoirs politiques. Son analyse des pratiques journalistiques pointe des enjeux essentiels : liberté du journaliste limitée par la susceptibilité des sources, informations jugées plus en fonction de leur provenance que de leur substance, couverture d'événements créés de toutes pièces pour les médias, considération complaisante accordée à des informations anonymes et recherche du spectaculaire. En ce qui a trait aux conditions de travail, elle souligne les contraintes créées par l'affectation des ressources, le manque de temps et l'absence de liberté par rapport aux sondages commandités par l'employeur.

La soumission à ce que Gingras nomme « les styles politico-médiatiques » tire aussi l'univers des médias vers le pôle « appareil idéologique ». En effet, en pratiquant la personnalisation, la dramatisation, la fragmentation (absence de mise en contexte), la normalisation (les autorités ont le contrôle) et le culte du direct (pourtant nuisible au journalisme de qualité), les médias favorisent la politique-spectacle, l'inculture politique et dépriment l'engagement. Le vrai journalisme d'enquête passe justement par le refus de ces styles.

Enfin, le problème du code de communication des personnages politiques compléterait le tableau de la soumission médiatique. Privilégiant le mode de la plaidoirie à celui de la délibération démocratique, les politiciens usent de procédés rhétoriques qui contreviennent radicalement au modèle de la sphère publique. Mensonges, langue de bois et sophismes (appel aux émotions, à l'autorité, aux préjugés, utilisation du faux dilemme, de l'analogie fallacieuse, argument de la pente fatale, etc.) sont le pain quotidien de la vie politique, et Anne-Marie Gingras en livre ici une analyse très instructive. En leur accordant le statut d'informations valables, les médias jouent le jeu de ceux qui les utilisent à leurs fins politiques et idéologiques.

Individuellement, certains journalistes, mieux armés que d'autres, peuvent parvenir à contourner ces pièges, mais les contraintes structurelles pèsent lourd, et Gingras croit donc surtout nécessaire d'insister sur le fait qu'elles « placent les détenteurs du pouvoir en situation avantageuse par rapport aux journalistes ».

Quant aux rapports entre les médias et les pouvoirs économiques, le tableau n'est guère plus reluisant. Par une analyse serrée du pouvoir des patrons de presse, la politologue ébranle le mythe de la liberté rédactionnelle absolue. Que ce soit par des décisions à caractère économique (nombre d'employés, salaires, etc.), par le contrôle qu'ils exercent sur l'affectation des ressources humaines et matérielles, par des interventions directes (elle mentionne les affaires André Pratte et Chantal Hébert à *La Presse*, le choix des éditorialistes) ou encore par les accointances qu'ils entretiennent avec les personnages politiques, les patrons de presse influencent les contenus rédactionnels.

Sur un autre plan, les logiques économiques laissent aussi leur marque : « La majorité des médias appartiennent à des entreprises privées [...] et ces entreprises ont des intérêts spécifiques à défendre.» Résultats : la promotion du secteur privé et de ses valeurs prend beaucoup de place et le poids des annonceurs relègue le principe du droit du public à l'information au second plan. On taira, par exemple, que telle compagnie exploite les enfants, on soumettra les contenus aux annonceurs qui tiennent à les surveiller et on ira jusqu'à confondre, parfois, pub et information pour donner de la crédibilité à la première.

Transformée en marchandise, l'information n'éclaire plus ; elle sert à vendre : «Au lendemain de l'élection québécoise du 30 novembre 1998, il y avait à la une du journal *Le Soleil* une publicité imparable : un collant vert et rond d'un diamètre d'environ six cm vantant une marque de bière qui cachait les résultats obtenus par le PQ.» Si on ajoute à cela la tendance récente à une concentration de plus en plus évidente de la propriété de presse avec la réduction du pluralisme idéologique qui s'ensuit, les raisons de s'alarmer sautent aux yeux.

Malgré tout, diront certains, l'opinion publique existe, et les décideurs qui prendraient le risque de l'ignorer s'exposeraient à frapper un mur. En ce sens, il faudrait compter sur l'impact des sondages, de plus en plus nombreux, pour faire évoluer les rapports de force politiques en faveur de la démocratie. Radicale, la critique développée par Anne-Marie Gingras ne manque pas de faire éclater ce miroir aux alouettes.

Grâce à une analyse technique et langagière des méthodes de sondage, elle met en lumière leur caractère probabiliste, construit et elle démontre qu'en procédant par imposition de problématique, les commanditaires de sondages défendent leurs intérêts particuliers. Dévastateur, ce chapitre devrait être lu par tous les citoyens consciencieux. Le vernis scientifique des sondages impressionne et leur confère un caractère objectif. Supercherie, écrit Gingras : ce sont des armes idéologiques.

Le dernier chapitre de ce livre est consacré à une analyse des nouvelles technologies de l'information et de la communication, aux espoirs qu'elles créent, aux dangers qu'elles comportent (la logique du privé y domine presque mur à mur). L'idéal de la sphère publique habermassienne y trouvera-t-il sa niche ? Rien n'est moins sûr, constate Gingras, qui ne nie pourtant pas le potentiel démocratique de ce lieu en développement.

Accessible, rigoureux, exempt de jargon, cet essai qui démolit ce qu'il présente comme l'illusion de la démocratie médiatique mérite d'être lu parce qu'il déniaise en offrant une critique argumentée de la face plus ou moins cachée des médias. Il s'inscrit d'ailleurs dans une tendance dénonciatrice assez prisée ces derniers temps. Ceux que la question intéresse (ce devrait être tout le monde) pourront consulter, à ce sujet, les ouvrages suivants, qui ont récemment creusé ce sillon : *Les nouveaux chiens de garde* (Liber, 1997), un virulent pamphlet de Serge Halimi ; *La fabrication de l'information* (La Découverte, 1999) de Florence Aubenas et Miguel Benasayag ; et *Le troisième âge du quatrième pouvoir* (Labor, 1999) de Gabriel Thoveron. Pour un son de cloche différent, critique aussi mais plus pro-médias d'une certaine façon, il faut lire, en réédition, *Le métier de journaliste* (Boréal, 2000) de Pierre Sormany et, un incontournable, la fougueuse réplique de Daniel Schneidermann aux critiques bourdieusiennes : *Du journalisme après Bourdieu* (Fayard, 1999).

Même les passionnés et les accros aux médias, dont je suis un représentant caractérisé, ne doivent pas refuser cette épreuve nécessaire. En revanche, il faut mettre en garde les critiques quant aux dangers d'un radicalisme sans concession : à trop s'acharner sur un univers qu'on discrédite en le réduisant au statut de porte-voix du pouvoir, on risque de stimuler un cynisme politique déjà trop répandu dans la population. Malgré leurs défauts, les médias ne restent-ils pas nécessaires ? Ne faudrait-il pas d'abord inciter à les lire plutôt que de se contenter de faire étalage de leurs vices en oubliant leurs vertus ?

Qui aura le courage et l'intelligence suffisamment aiguisés pour redire avec force que la seule position qui vaille en ce domaine se résume ainsi : sans les médias, le monde et nos contemporains nous échappent sans une lecture critique et plurielle des médias, le monde et nos contemporains nous aveuglent. La démocratie a besoin des médias et vice versa. Les deux peuvent être améliorés.

Anne-Marie Gingras, *Médias et démocratie. Le grand malentendu*, Québec, Presses de l'Université du Québec, 1999, 238 pages.

Le Devoir, 11 mars 2000

Il faudrait, enfin, aborder la question des contraintes techniques qui pèsent sur le travail des journalistes et qui affectent, parfois, la qualité de leur production. La contrainte de temps, par exemple, qui les oblige à produire de plus en plus vite, sans le recul nécessaire à une information de meilleure qualité. La contrainte d'espace, qui les oblige à en dire le plus possible en quelques lignes. Ajoutées aux contraintes commerciales, ces deux difficultés expliquent parfois que ce qu'on lit dans les quotidiens n'est pas toujours à la hauteur du talent des journalistes. Elles n'excusent pas les faiblesses et les erreurs occasionnelles de ces derniers, mais elles obligent au moins à relativiser nos jugements et à viser les bonnes cibles.

Les pages qui suivent, en se basant sur les quelques principes généraux présentés dans ce chapitre, vont tenter de personnaliser les commentaires en les appliquant, nommément, aux trois quotidiens francophones nationaux du Québec de façon distincte et à quelques-uns des journalistes qui les font. Sauf exception, seuls les journalistes d'opinion ont été retenus puisque, par la nature même de leur travail, censé tendre à l'objectivité, les journalistes d'information se prêtent mal à ce genre d'exercice. Les qualités et défauts d'ensemble de ces trois quotidiens, toutefois, seront abordés et permettront des commentaires qui concernent le type d'information qu'on y retrouve.

Serai-je objectif? Je n'aurai pas cette prétention qui, de toute façon, ne tromperait personne. Collaborateur depuis de nombreuses années au journal *Le Devoir* (cela indique déjà, en partie, mon cadre de référence), j'occupe une position qui colore mes jugements. À titre, toutefois, de lecteur plus qu'attentif, depuis de nombreuses années, des quotidiens et des journalistes dont je traiterai, je revendique sans gêne le statut de commentateur à la fois subjectif et honnête.

CHAPITRE IV

Médias et journalistes

Le Journal de Montréal : grandeurs et misères d'un quotidien fourre-tout

Le Journal de Montréal est la propriété des entreprises Québecor dont le principal actionnaire est Pierre-Karl Péladeau. Québecor, il n'est pas inutile de le mentionner, possède aussi, entre autres, *Le Journal de Québec*, d'autres quotidiens ailleurs au Canada (la chaîne Sun Media), l'Agence QMI, une foule de magazines à potins québécois (notamment *Le Lundi*, *Sept Jours*, *Dernière Heure*, *Échos Vedettes*), des maisons d'édition (dont Libre Expression, Stanké, Logiques, Typo), le réseau de télévision TVA et ses filiales (LCN, Argent), de même que la chaîne de télévision conservatrice canadienne-anglaise Sun News Network. On comprend donc pourquoi on parle, à son sujet, de convergence médiatique. Cette entreprise tentaculaire, en effet, peut se servir de ses quotidiens et magazines pour faire mousser la popularité de ses émissions de télé qui, en retour, nous incitent à lire ses imprimés.

On pourrait croire, naïvement, qu'il n'y a rien de mal là-dedans et que cela, au contraire, lui donne les moyens d'offrir des produits de qualité qui incitent le citoyen à s'informer. Le problème, dans cette logique de convergence, c'est que les contenus qu'on nous offre n'ont plus de valeur en eux-mêmes parce qu'ils deviennent des appâts commerciaux.

Prenons un exemple. Est-il normal que les jeunes chanteurs de l'émission *Star Académie*, diffusée à TVA, aient droit, depuis dix ans, à une couverture intensive dans *Le Journal de Montréal* quand d'autres artistes de grand talent y sont presque totalement ignorés? Aussi, mettre ces chanteurs en première page du *Journal de Montréal* revient à tromper le public sur leur importance réelle et à mettre le plus populaire des quotidiens du Québec au service d'intérêts commerciaux qui n'ont rien à voir avec l'intérêt public. De la même façon, quand TVA, dans son bulletin de nouvelles de 17 heures, accorde un espace important à des informations concernant l'émission de divertissement *La Voix*, diffusée à son antenne, on méprise ouvertement le rôle d'un média d'information sérieux.

En ce sens, il est vrai de dire que la convergence donne des moyens, mais, inévitablement, ces moyens servent toujours à des intérêts strictement commerciaux et jamais, jusqu'à preuve du contraire, à mieux informer.

Qualités et défauts du journal
le plus populaire du Québec

Diffusé, en semaine et le dimanche, à plus ou moins 265 000 copies par jour et, le samedi, à environ 300 000 copies (données de 2010), *Le Journal de Montréal* est, sans conteste, le quotidien le plus populaire au Québec. Comment expliquer cette situation? Ce journal, souvent méprisé par ceux qui se réclament d'une certaine culture, doit bien avoir quelques qualités pour ainsi s'imposer comme le quotidien préféré d'une majorité de lecteurs. En voici un portrait contrasté.

Pierre Péladeau, le fondateur du *Journal de Montréal* en 1964, n'a jamais caché la nature commerciale de son produit. Il voulait faire un journal vendeur. Sa recette? Donner au public ce qu'il veut, c'est-à-dire, selon lui, des faits divers, des sports, des potins artistiques et quelques nouvelles plus sérieuses pour assurer une crédibilité minimale à l'ensemble. Et la recette, c'est le moins que l'on puisse dire, a fonctionné.

Le succès commercial d'un quotidien, toutefois, ne constitue pas une preuve de sa qualité journalistique. *Le Journal de Montréal* est le journal le plus vendu au Québec, mais, selon des critères journalistiques et civiques, il est loin d'être le meilleur. Il se présente comme un fourre-tout quotidien qui séduit pour de bonnes et de mauvaises raisons. Dans un fourre-tout, en effet, on trouve toujours du meilleur et du pire. Commençons par le pire.

Le Journal de Montréal ne semble pas avoir de politique de l'information bien définie, sauf celle qui consiste à mettre l'accent sur les informations les plus sensationnalistes. Aussi, les faits divers les plus tape-à-l'œil y occupent trop souvent une place démesurée par rapport à leur importance. Souvent, dans ce quotidien, des actes criminels scabreux, des accidents de la route spectaculaires, des témoignages individuels émouvants, des potins artistiques insignifiants ou des événements sportifs banals, tous des événements anecdotiques et sans véritable rapport avec l'intérêt public, constituent le menu principal. On donne ainsi l'impression au lecteur que ce sont ces événements qui ont de l'importance, ce qui a pour effet d'enterrer l'information d'intérêt public (politique, société, économie, culture) sous une masse d'informations très secondaires. À quoi bon, en effet, savoir qu'une chicane de couple a mal tourné à Brossard et qu'Éric Lapointe s'est fiancé dans le Sud, surtout si ces informations prennent la place d'une nouvelle concernant le rapport du vérificateur général ou d'une autre qui présenterait le nouveau film de Bernard Émond ?

Certains diront peut-être que le fait divers n'est pas insignifiant et qu'il a sa place dans les quotidiens. C'est le cas, entre autres, de Mario Roy, éditorialiste au journal *La Presse*, qui, dans un texte intitulé « Le journalisme du Mal » (*La Presse*, 14 juillet 2004), affirme que le fait divers « est l'ultime révélateur des lignes de fracture d'une société, de ses gouffres moraux, de ses hypocrisies, de ses lâchetés et de ses injustices. Le révélateur, aussi, des failles de l'âme humaine, de tout ce qu'on aimerait mieux ne pas y voir. »

Même en lui donnant raison, on peut au moins continuer de croire que le fait divers n'a pas à occuper la première place dans les priorités d'un quotidien. Une place, oui. La première, non. Au *Journal de Montréal*, on ne s'embarrasse pas de ces nuances. Si ça fait vendre, c'est bon. Les faits divers, les potins, le sport professionnel et les chroniques « pratiques » (sexe, courrier du cœur, santé naturelle) font vendre? Mettons-en! Au lieu, comme le suggèrent André Pratte et d'autres, de rendre intéressant ce qui est important, de privilégier l'intérêt public à l'intérêt du public, on donne ainsi de l'importance à ce qui intéresse au premier degré. Cela, redisons-le, relève plus de la logique du commerce que de la logique d'un journalisme rigoureux.

Du fait divers en journalisme

Méprisé par les milieux cultivés et intellectuels, le fait divers demeure pourtant une des nourritures médiatiques favorites du grand public qui en redemande. À qui donner raison? À ceux qui le regardent de haut et dénoncent son insignifiance ou à ceux qui y trouvent un puissant révélateur de l'état de notre société?

Pour expliquer la popularité de ce genre qu'il ne méprisait pas, Roland Barthes notait, écrivent Dubied et Lits dans *Le fait divers* (PUF, 1999), que celui-ci « est structurellement une information totale et immanente, puisqu'il ne nécessite aucune connaissance de son avant ou de son après pour être compris ».

Or, c'est justement l'abus médiatique de cette information immanente que dénonçait Pierre Bourdieu. « Le fait divers, écrivait-il dans *Sur la télévision* (Liber, 1996), c'est cette sorte de denrée élémentaire, rudimentaire de l'information qui est très importante parce qu'elle intéresse tout le monde sans tirer à conséquence et qu'elle prend du temps. » Plus sévère encore, il ajoutait que « les faits divers ont pour effet de faire le vide politique, de dépolitiser et de réduire la vie du monde à l'anecdote et au ragot [...] en fixant et en retenant l'attention sur des événements sans conséquences politiques, que l'on dramatise pour en "tirer des leçons" ou pour les transformer en "problèmes de société" ».

Cette dénonciation, toutefois, ne fait pas l'unanimité et, en réponse, justement, à Pierre Bourdieu, Daniel Schneidermann, dans *Du journalisme après Bourdieu* (Fayard, 1999), réplique: « Le fait divers, qui nous offre soudain une coupe transversale inattendue dans un village, un immeuble, un milieu, est le matériau journalistique le plus éloigné de la communication, le discours le plus sincère sur l'état de la société. » Quant à eux, Dubied et Lits parlent de la fonction cathartique du fait divers, « nouveau champ clos de l'agressivité socialement contenue », et nous invitent à une réflexion qui dépasse la dénonciation convenue: « Plutôt donc que de dénoncer la peur et la violence qui emplissent les colonnes des journaux, il faut s'interroger sur leur présence nécessaire, et sur notre rapport de lecteur à ces événements. Les faits divers reflètent notre vie sociale, mais aussi notre état individuel traversé par des pulsions contradictoires. »

Le Devoir, 2 août 2003

Il est vrai que *Le Journal de Montréal*, depuis quelques années, n'est plus le journal quasi strictement axé sur les faits divers qu'il a déjà été et qu'il s'efforce d'accorder plus d'espace à des enjeux de société fondamentaux comme la santé, l'éducation et les finances publiques. Souvent, toutefois, il le fait en tirant l'essentiel (l'efficacité et l'équité de nos systèmes de santé ou d'éducation ou la question de l'équilibre budgétaire) vers l'anecdotique (un cas particulier de patient négligé dans un hôpital, une enquête sur le coût de l'entretien des plantes dans les édifices gouvernementaux). On veut bien qu'il faille intéresser pour informer, mais quand le spectacle occupe presque toute la place, l'information ne peut qu'y perdre en substance.

Le *Journal de Montréal* n'a toutefois pas que des défauts. Il est sans égal, par exemple, pour rapporter rapidement et en détail les résultats sportifs. Son format tabloïd, aussi, le rend facile à manipuler et à lire n'importe où (métro, autobus, restaurant), ce qui explique une partie de son succès. Il est, de plus, divertissant et attire donc certains lecteurs qui, sans cela, ne liraient même pas le journal.

Plus fondamentalement, il faut aussi reconnaître que c'est un quotidien qui, à certains égards, s'est beaucoup amélioré ces dernières années. Sa couverture de la politique canado-québécoise est devenue constante et d'assez bonne qualité. L'absence d'éditoriaux dans ses pages désole un peu, mais la présence d'une dynamique section « Opinions » compense un peu cette lacune.

Il faut toutefois noter que, depuis le pénible lock-out qui a marqué l'histoire du journal en 2009, l'équipe de chroniqueurs de ce quotidien a été grandement renouvelée. Avant ce conflit de travail et celui de même nature qui l'a précédé au *Journal de Québec*, l'ex-premier ministre péquiste Bernard Landry, le prêtre contestataire Raymond Gravel et la journaliste féministe et souverainiste Lise Payette étaient des chroniqueurs-vedettes du *Journal de Montréal*. Après le conflit, ils ont été remplacés par de nouveaux chroniqueurs (Christian Dufour, Mathieu Bock-Côté, Mario Dumont) presque tous campés à droite du spectre politique.

Force est donc de constater que, aujourd'hui, en matière d'opinions, *Le Journal de Montréal* est devenu une machine de guerre idéologique lancée contre le modèle social-démocrate québécois. Qu'ils soient souverainistes (Bock-Côté, Martineau) ou nationalistes autonomistes (Dufour, Dumont) ou fédéralistes (Aubin), les nouveaux faiseurs d'opinion du *Journal de Montréal* communient presque tous à l'autel du conservatisme fiscal et rejettent avec énergie les idées de la gauche québécoise. Aussi, même s'il n'a pas de prise de position éditoriale officielle, *Le Journal de Montréal*, par ses principaux chroniqueurs, défend une orientation idéologique qu'on pourrait qualifier de nationaliste (souverainiste ou non) de droite (sur le plan économique).

Au moment d'accueillir Denise Bombardier (anciennement du *Devoir*) à titre de chroniqueuse dans les pages du quotidien de la rue Frontenac en janvier 2013, J. Jacques Samson écrivait que les pages « Opinions » du *Journal de Montréal*, pages dont il est le directeur, étaient « la référence dans les forums publics québécois ».

Cette prétention doit être contestée pour deux raisons. Ces pages, essentiellement occupées par des chroniqueurs de droite, manquent trop de diversité idéologique pour se présenter comme la référence québécoise en matière d'opinions. De plus, les commentaires de lecteurs qui y sont publiés semblent sélectionnés pour convenir à l'orientation du journal et, étonnamment, proviennent presque toujours des mêmes citoyens, ce qui laisse croire qu'ils sont pigés à même la production d'un groupe de lecteurs triés sur le volet. Il faut toutefois reconnaître que l'équipe de chroniqueurs du *Journal de Montréal* a de la gueule.

Il faut, enfin, souligner l'audace de ce quotidien. La série d'enquêtes-chocs qu'il a lancée en 2002, malgré certains défauts déjà mentionnés, reste fascinante. S'inspirant d'une tradition américaine à laquelle on a donné le nom de «nouveau journalisme» et qui consiste, pour le reporter, à devenir participant anonyme de l'univers qu'il observe afin de le découvrir de l'intérieur, ces enquêtes, qui ont vu des journalistes se faire Noir, raëlien, cobaye humain, prof de secondaire et cliente de clinique de chirurgie esthétique, offrent, en condensé, le meilleur portrait du *Journal de Montréal* : un quotidien sensationnaliste, sans cesse obsédé par la logique commerciale (certains jours, il ressemble plus à un support de publicité qu'à un journal), mais capable d'audace, d'originalité, souvent intéressant et doté de gros moyens.

Quelques journalistes vedettes

Jusqu'en 2003, la principale vedette du *Journal de Montréal* était assurément PIERRE BOURGAULT, un des plus grands journalistes d'opinion de l'histoire du

Québec. Sa mort prématurée, d'ailleurs, a laissé un grand vide dans l'univers journalistique québécois. Même s'il est mort depuis dix ans, Bourgault, à titre de modèle, mérite de conserver sa place dans cet ouvrage consacré au journalisme québécois.

Faut-il encore lire Pierre Bourgault?

Depuis un quart de siècle, deux figures ont dominé, à leur façon, l'univers de la chronique journalistique québécoise : Pierre Foglia et Pierre Bourgault. Deux stylistes, deux journalistes mordants qui ont su durer, malgré le nombre des années passées à faire de l'opinion dans le vif du présent.

Mauvaise conscience du journal *La Presse* qui en a bien besoin, bourru mais sensible, provocateur mais rarement poseur, parfois présomptueux mais souvent capable de s'amender, Foglia demeure inclassable, surprenant jusque dans ses contradictions. Un cavalier seul, qui choque et charme, irrite et ravit, vers lequel on avance comme devant un défi.

Bourgault, lui, c'était autre chose. Plus politique, plus militant ; moins railleur, plus tribun ; styliste de la clarté plus que des effets ; aiguillon de la conscience civique plutôt que poète un peu anarchique du temps qui passe. L'essentiel, chez Bourgault, cherchait à se dire en droite ligne plutôt qu'à émaner, diffus, d'une atmosphère.

En coulisse, on a dit, toutefois, et j'ai moi-même été tenté de le penser, que ses dernières années n'étaient pas ses meilleures. Qu'il rabâchait. Qu'il devenait anecdotique. *La résistance*, quatrième tome de ses *Écrits polémiques* et dernier livre publié du pamphlétaire,

confirme-t-il ce soupçon? Pour poser la question clairement: faut-il encore lire Pierre Bourgault? A-t-il eu, même
dans ses dernières années, toujours quelque chose
d'essentiel à dire?

En novembre 1999, j'avais lu, au profit des fidèles
lecteurs du *Devoir*, les 137 chroniques regroupées dans
ce livre et d'abord publiées dans le *Journal de Montréal*.
Je vous offre aujourd'hui, en rappel, le verdict sans complaisance que je rendais alors. Qu'on le lise comme un
hommage critique à un homme qui considérait la franchise
intellectuelle comme un devoir.

Apprendre? Non: débattre

Grand consommateur d'informations et de prose d'idées,
autant journalistiques que livresques, j'ai toujours l'impression, en lisant Bourgault, de ne rien apprendre de
neuf, sauf son opinion sur le sujet dont il parle. Comment
expliquer, alors, le plaisir que je continue de prendre à
le lire?

À mes yeux, Bourgault fait figure de vieil ami
(vieux, c'est lui qui le dit) un peu fatigant parce qu'imbu
de lui-même, mais avec qui on ne peut s'empêcher de
discuter pendant des heures parce que, comme nous, il
a des idées sur tout et qu'il prend un malin plaisir à les
partager. C'est vrai: ce livre ne m'a rien appris, mais je
l'ai néanmoins lu d'une traite parce que ce genre de feu
roulant d'opinions, balancé par un touche-à-tout expérimenté, provocateur et incapable de se contenir, me plaît
bien. Oui, l'ensemble est inégal, contient des coups de
gueule bâclés, des redondances, mais il est porté, tout
du long, par une prose tellement limpide et franche,

totalement dénuée d'artifices, qu'on le traverse de fort agréable façon.

D'aucuns considéreront ce jugement comme un sacrilège, mais il m'apparaît néanmoins essentiel d'afficher clairement mon point de vue : Bourgault n'est pas le grand penseur que ses fans les plus inconditionnels ont voulu en faire. C'est un chroniqueur efficace, honnête, parfois courageux, mais en rajouter relèverait de l'enflure qualitative. En ce sens, je ne crois pas que l'on puisse dire que l'homme souffre d'essoufflement intellectuel. *La résistance*, c'est du pur Bourgault. Ni plus ni moins.

Au chapitre de ses bons coups, on peut placer, en tête de liste, sa dénonciation bien ciblée des hystériques détracteurs de nos services publics. Les récents ratés des systèmes de santé et d'éducation ne justifient pas, selon lui, l'inquiétante fuite en avant à laquelle bien des esprits étroits semblent sur le point de succomber : « Chialage de privilégiés et de sans-dessein ! Allez-y, crissez tout à terre, privatisez-moi tout ça, et qu'on en finisse, et vive la santé pour les riches, et l'école pour les riches, et l'eau pour les riches, et la maison pour les riches, et le pain et le beurre pour les riches, comme le veut la Chambre de commerce ! »

Un homme de convictions

Bourgault, contrairement à plusieurs hypocrites qui prétendent encore l'être tout en agissant en parfaite contradiction avec cette prétention, est un véritable social-démocrate. À preuve, sa défense passionnée du syndicalisme réel auquel il attribue « tous les progrès que nous avons connus dans le monde du travail depuis cent ans». Cela dit, cette fidélité à une certaine idée du syndicalisme lui fait vomir, avec raison, cette forme détournée de militantisme en habits neufs qui a pour nom le corporatisme. Ainsi, à l'été 1999, au moment de la fronde des infirmières, il écrit: «Non, je n'ai pas klaxonné devant l'hôpital. Les solidarités de façade et d'intérêt me répugnent. Mais, quand la tempête sera apaisée, je n'aurai pas perdu mon âme en sautant dans le train fou mais je resterai, envers et contre tous, le plus farouche défenseur des syndicats et du syndicalisme. Ce n'est pas affaire de religion, c'est affaire de dignité. »

Dans la même veine, Bourgault refuse, avec l'énergie du désespoir, de participer à la grand-messe idéologique qui accompagne le retour en force du capitalisme sauvage. Au risque de passer pour un dinosaure, il persiste à défendre le principe essentiel de la sécurité d'emploi que de jeunes réactionnaires, Dumont en tête, n'ont de cesse de dénigrer: il s'en prend à l'hypocrisie de l'entreprise privée qui «veut bien que les gouvernements s'occupent de tout ce qui coûte cher et ne rapporte rien» et il s'entête à réitérer, à contre-courant, que la lutte des classes demeure un concept pertinent pour expliquer le temps présent. Il a choisi son camp: «Si je dis "Faisons payer les riches", on se rira de moi en me traitant de gauchiste nostalgique. Mais si je le dis pas on aura raison de me traiter de salaud. »

Le lecteur de ces chroniques n'échappera pas, bien sûr, à la profession de foi indépendantiste du polémiste. Je n'y reviens pas en détail, puisque presque tout a été dit à ce sujet, sauf pour rappeler une qualité essentielle de ce discours: sa franchise. Bourgault ne tergiverse pas. L'indépendance du Québec relève, pour lui, de la «normalité» des choses et ceux qui ne partagent pas cette opinion sont désignés ici comme des adversaires. Le combat, dans ces pages, se mène à visage découvert. Cela peut choquer puisque la première victime d'une telle posture est toujours la nuance.

Bourgault n'est pas objectif? Il a déjà réglé la question dans *La culture*, le tome II de ses *Écrits polémiques*: «L'observation incomplète et personnelle d'une situation, si elle reste aussi honnête que possible, peut être objective, à condition de ne pas prétendre qu'elle soit autre chose que personnelle et incomplète. […] Certains concluront que l'objectivité, finalement, n'existe pas. Ne vaudrait-il pas mieux parler de subjectivité honnête?»

Tous azimuts

Il y a encore, dans ce gros livre, des dizaines d'autres sujets auxquels le manque d'espace m'empêche de rendre justice. Au sujet de l'éducation, par exemple, on retrouve le bon (contre la pub à l'école) et le moins bon (les techniques pédagogiques du maître sentent la boule à mites). Au sujet de la culture, le meilleur (contre notre colonisation culturelle volontaire) et le pire (une décevante complaisance envers les Plamondon, les Dion et le Cirque du Soleil). Sur le terrain de la politique internationale, des engagements constants (l'Algérie et la Palestine) et des cibles récurrentes (Israël et l'aigle américain qui «n'a plus de tête»).

Bourgault résiste. Au temps, qu'il assume avec une lucidité un peu frondeuse, mais surtout à l'engourdissement du débat public. Son empressement à déranger la tranquillité du lecteur l'amène parfois à confondre les genres (les petites crises de vedette de Jacques Villeneuve ne méritent pas le beau mot d'«indignation» qu'il leur accorde) et à bâcler certains de ses envois, mais le mot d'ordre qui pourrait servir d'exergue à son œuvre me semble incontestable: «Il faut savoir "s'ostiner" pour faire avancer les choses dans le sens qui nous convient. Autrement, elles continuent d'avancer mais au seul profit de ceux qui ne veulent pas "s'ostiner" pour mieux nous asservir.» Sans oublier toutes les précautions qui précèdent, je vous le demande: qui, quand Bourgault ne sera plus là, dira cela aux lecteurs du *Journal de Montréal* et aux autres?

Pierre BOURGAULT, *Écrits polémiques*, tome IV: *La résistance*, Montréal, VLB éditeur, 1999, 448 pages.

Le Devoir, 21 juin 2003

Tapageuse vedette de ce quotidien, RICHARD MARTINEAU est sans doute le plus productif des chroniqueurs québécois. Commentateur hyperactif qui ne refuse aucune tribune (à la télé, il anime *Les Francs-tireurs*, une émission hebdomadaire d'affaires publiques à Télé-Québec, et *Franchement Martineau*, une émission quotidienne de débats à LCN), Martineau cultive à l'excès son image d'électron libre qui n'a pas froid aux yeux. Faisant flèche de tout bois, il se complaît à lancer des débats à gauche et à droite, sans souci de leur pertinence réelle, pour le seul plaisir de faire l'actualité. L'important, pour lui, c'est que tout le monde en parle. La seule réelle constante qui se dégage de ses multiples interventions est une sorte de populisme individualiste, grossièrement antireligieux, souvent énergique, mais faussement provocateur et, les années passant, de plus en plus solidement campé à droite sur le plan économique. Au moment du Printemps étudiant de 2012, par exemple, Martineau s'est imposé comme un des principaux adversaires de la grève, qu'il s'est entêté à qualifier de « boycott ». *Fast thinker*, pour reprendre une expression anglaise qui désigne des intervenants médiatiques habiles à se prononcer rapidement et sur tout mais sans profondeur, Martineau donne l'impression d'être tombé dans la potion de l'opinion quand il était petit. Il en est ressorti divertissant et polyvalent, mais surexcité.

Sociologue de formation et ex-ministre péquiste, JOSEPH FACAL est un des plus brillants défenseurs de l'option souverainiste au Québec. Son style limpide et son souci constant de la clarté argumentative rendent ses chroniques hebdomadaires non seulement agréables à lire, mais aussi presque toujours instructives et éclairantes. Cosignataire, en 2005, du célèbre manifeste *Pour un Québec lucide*, un document d'inspiration néolibérale tempérée, Facal, sur le plan idéologique, se réclame cependant d'une social-démocratie modernisée, souvent identifiée à la « troisième voie » (ni socialiste ni libérale) théorisée par le sociologue britannique Anthony Giddens et incarnée, selon plusieurs, par l'ex-premier ministre travailliste Tony Blair. Facal, au fond, est un brillant souverainiste de centre droite dont les chroniques, qui bousculent les fédéralistes, mais aussi la gauche sociale-démocrate traditionnelle, rehaussent la qualité du débat québécois. Les événements du Printemps étudiant de 2012 ont toutefois fait ressortir ses penchants droitistes de plus en plus affirmés et sa propension à avoir raison à tout prix, au détriment de la rigueur argumentative.

Un redressement national à la Facal

Personne ne contestera à Joseph Facal son statut de commentateur énergique de la société québécoise. L'homme est brillant, parle et écrit clairement, a une expérience politique concrète à son actif et aime passionnément le Québec, son pays d'adoption. Souverainiste convaincu et convaincant, il continue de se définir comme un homme de gauche, même s'il a signé le *Manifeste des lucides*, plutôt identifié à la droite économique. Facal, en fait, incarne, au Québec, ce qu'on a appelé, ailleurs, la «troisième voie», une option qui s'apparente à une sorte de gauche de droite, c'est-à-dire à une sensibilité de gauche, assortie de solutions libérales.

Dans *Quelque chose comme un grand peuple*, Facal entend «faire le point et poser au moins les bases conceptuelles d'un redressement collectif québécois». «Le Québec, note-t-il, reste évidemment une société où il fait bon vivre. Mais, tout en prenant garde de ne pas idéaliser le passé, on sent que cette société peine en ce moment à se trouver un sens, qu'elle manque d'élan, qu'elle se cherche comme un second souffle.» Ce constat est difficile à contester. Aussi, dans ces conditions, que faire?

«Pour l'essentiel, répond Facal, nous le savons.» Vraiment? En faisant comme s'il existait des réponses connues et uniques aux problèmes qu'il soulève, l'ex-ministre emprunte une voie qu'il prétend lui-même rejeter. « Quand un homme politique se réclame du pragmatisme intégral ou du sens commun, écrit-il justement, c'est généralement parce qu'il dissimule une idéologie qui ne veut pas dire son nom ou parce qu'il n'est pas conscient d'en avoir une. » Or, c'est souvent l'impression qu'on a à la lecture de ce *Quelque chose comme un grand peuple*.

Facal déploie son argumentation sur deux plans : le national et le social. Il développe d'abord son point de vue sur l'histoire du Québec. Selon lui, notre saine ambivalence, saluée par les fédéralistes Jocelyn Létourneau et André Pratte, nous fut imposée plutôt que choisie. Quant à la redéfinition de la nation québécoise proposée par Gérard Bouchard, « sur des bases essentiellement linguistiques, territoriales et légalistes », elle ne donnerait à cette nation « qu'une cohérence strictement formelle, sans épaisseur authentique, sans une véritable conscience historique largement partagée et profondément assumée ». Pour Facal, le sujet central de notre histoire reste « la majorité francophone du Québec », et son « intention nationale primordiale » se résume à « une recherche d'autonomie croissante par rapport à l'Autre ». Cette lecture, très près de celles des Joseph-Yvon Thériault et Jacques Beauchemin, règle efficacement le sort des thèses de Létourneau et Pratte, mais laisse en plan les richesses de la lecture bouchardienne, qui méritent mieux.

Facal, sur son élan, se livre à une critique du multiculturalisme qui, en posant « la relative équivalence de toutes les cultures », attaquerait la « cohésion sociale et l'identité nationale du Québec ». Peut-on, cela admis, en dire autant de l'interculturalisme défendu par Gérard

Bouchard? Facal répond oui, en plaidant que « la culture du groupe francophone majoritaire » doit être « le creuset d'une convergence fondamentale qui doit advenir ». Or, posons la question : une fois que l'on a imposé, à tous, l'usage du français dans l'espace public, le respect des lois et chartes québécoises (notamment l'égalité hommes-femmes et la laïcité) et l'enseignement de notre histoire et de notre littérature à l'école, jusqu'où peut-on aller, encore, dans l'imposition de nos valeurs? L'intégration est un devoir ; l'assimilation, une option. Facal pense-t-il, lui, qu'on ne peut être québécois en restant relativement attaché à d'autres identités ?

Quand il rappelle « les cinq raisons fondamentales de vouloir encore la souveraineté du Québec », l'essayiste est au sommet de sa forme. Les francophones, explique-t-il, ne seraient plus soumis « au bon vouloir de la majorité anglophone », ils seraient majoritaires dans leur pays et pourraient assurer l'épanouissement de leur identité culturelle, ils seraient enfin vraiment libres, le débat démocratique, délesté de la question nationale, pourrait se déployer pleinement et le Québec aurait une voix sur la scène internationale. La démonstration est claire et forte.

Toutefois, quand il traite de la réforme scolaire et du cours d'Éthique et culture religieuse, Facal se fait bassement pamphlétaire. Il ne semble connaître, de ces dossiers, que le point de vue des opposants à ces réformes (il l'avoue presque dans la note 27 de la page 312) et il ne cite leurs partisans, au passage, que pour déformer leur pensée. Faire de Georges Leroux, par exemple, un adversaire d'un solide enseignement culturel est une grossièreté.

Sur le plan socio-économique, Facal s'inquiète des finances d'un Québec attaché à de généreux programmes sociaux et services publics. Il a raison. On ne peut qu'appuyer, d'ailleurs, sa proposition d'investir en éducation pour assurer notre avenir collectif. Ce sont ses autres propositions qui, quoi qu'il en pense, sont contestables. Facal, par exemple, rejette totalement la voie d'une hausse de l'impôt sur le revenu et plaide plutôt pour une hausse des taxes à la consommation et des tarifs des services publics (droits de scolarité, garderies, électricité). Concédons que l'augmentation de la TVQ de deux points de pourcentage, tout comme l'indexation des tarifs, est une solution simple et acceptable ; pour le reste, réfléchissons. Si on plaide pour une augmentation des taxes et tarifs (avec crédits de remboursement pour les plus pauvres), c'est que l'on considère que certains (classe moyenne et plus) ont les moyens de les payer. On ne fait donc que déplacer le fardeau fiscal de l'impôt (progressif, donc plus juste) vers le principe de l'utilisateur-payeur (pas nécessairement progressif et plus lourd à gérer). Au mieux, ce sont les mêmes qui paient, mais, dans un cas, l'argent recueilli profite à tous également, alors que, dans l'autre (tarifs et assurances privées en santé), on individualise le rapport aux services publics essentiels et on privilégie les utilisateurs sans restrictions financières. La surconsommation d'électricité dérange Facal ? Qu'on surtarifie celle-là, tout simplement, et qu'on laisse la consommation nécessaire tranquille !

Contribution majeure au débat public québécois, cet essai de Joseph Facal ne fera pas l'unanimité, mais il obligera tous ceux qui pensent, au Québec, à se situer par rapport à lui, ce qui est la marque des rares livres qui portent vraiment.

JOSEPH FACAL, *Quelque chose comme un grand peuple*, Montréal, Boréal, 2010, 320 pages.

Le Devoir, 30 janvier 2010

BENOÎT AUBIN est un vieux routier du journalisme, tant d'information que d'opinion. Commentateur d'extrême centre qui considère que les notions de gauche et de droite sont dépassées, il défend, dans ses chroniques, une forme d'individualisme du « gros bon sens » en prônant l'idée que, si chacun se servait de sa tête, tous finiraient par s'entendre, sauf les militants finis, aveuglés par une idéologie, et les élites politiques, plus ou moins incompétentes ou opportunistes. Pour Aubin, le seul changement social qui vaut est celui qui émane de l'addition des actions individuelles raisonnables, créatrices de consensus. Ce libéralisme sociologique, issu d'une longue et respectable tradition, fait cependant illusion quand, comme chez Aubin, il cherche à se faire passer pour la seule voie de la raison.

Incarnation médiatique du jeune « mononcle ben correct » mais un peu plate qui se croit raisonnable et réaliste parce qu'il adhère à la pensée dominante en toutes matières, MARIO DUMONT, qui anime aussi une émission quotidienne de commentaires et d'opinions sur la chaîne LCN, se veut le porte-parole de la classe moyenne ordinaire qui pense qu'un État se gère comme une « petite famille ». Partisan d'un autonomisme provincial mou qu'il oppose à un projet indépendantiste selon lui trop risqué sur le plan économique, Dumont continue, comme il le faisait à l'époque où il était chef de la défunte Action démocratique du Québec (ADQ), de mener, au nom du respect de la culture majoritaire, le combat contre les accommodements raisonnables offerts aux immigrants. Obsédé par le poids de la dette du Québec, Dumont, sur le plan économique, est près des idées de la Coalition avenir Québec (CAQ) et prône sans originalité les politiques chères à la droite traditionnelle (réduction du rôle de l'État, système de santé mixte privé-public, développement économique à tout prix, etc.). On pourrait résumer son idéologie en la qualifiant de « pensée mononcle ».

Cette dernière pensée trouve un autre apôtre en J. Jacques Samson, directeur des pages « Opinions » du *Journal de Montréal*, dont la seule boussole idéologique semble être le GBS, c'est-à-dire le gros bon sens. Le 9 janvier 2013, par exemple, Samson louangeait avec enthousiasme Régis Labeaume, le populiste maire de Québec, en écrivant que ce dernier « pense et parle comme le citoyen moyen, doté d'un peu de gros bon sens, le fameux GBS ». Il voulait dire, en fait, qu'un bon maire, selon lui, comme un bon chroniqueur, doit être un chat de ruelle avec une pensée de droite décomplexée.

Contre le gros bon sens

Le recours au gros bon sens, si cher aux Jean-Luc Mongrain et Denis Lévesque de ce monde, est une formule creuse, qui ne veut rien dire. Le gros bon sens, c'est comme le bon jugement : tous croient l'avoir de leur côté, même si tous ne partagent pas les mêmes opinions. Alors, il est où, le gros bon sens ?

Les souverainistes, par exemple, sont convaincus d'avoir le gros bon sens en leur faveur. Le problème, c'est que les fédéralistes pensent la même chose. La vérité, c'est qu'il s'agit là de deux options idéologiques. La première privilégie la liberté et l'autonomie de la nation, alors que la seconde met plutôt l'accent sur la sécurité économique. Qui a raison ? Ça dépend des valeurs qu'on chérit. Le gros bon sens n'a rien à faire là-dedans.

Souhaiter payer moins d'impôts serait, selon certains, une position qui relèverait du gros bon sens parce qu'elle laisserait plus d'argent dans nos poches. Ah oui ? Mais s'il faut payer, ensuite, pour une foule de services publics, sommes-nous sûrs d'en sortir plus riches ? Il est où, le gros bon sens ? Si on veut des services publics de qualité, il faudra accepter que tous paient plus de taxes et de tarifs, entend-on ces jours-ci. On peut pourtant arriver au même résultat sans faire payer les pauvres et la classe moyenne, rétorque Québec solidaire, preuves à l'appui. Le privé en santé réduirait les listes d'attente, affirme Mario Dumont. Totalement faux, répliquent les experts qui signent l'ouvrage *Le privé dans la santé* (PUM, 2008).

L'appel au gros bon sens, on le voit, est l'argument de ceux qui n'ont pas d'arguments. Il suggère que, si tous faisaient preuve de sagesse, des solutions précises s'imposeraient. Or, ça ne marche pas comme ça. Pour répondre aux divers défis socio-économiques d'une société, plusieurs solutions sont possibles. À des degrés variables, certaines sont de droite (axées sur la responsabilité individuelle, la compétition et le libre marché), alors que d'autres sont de gauche (axées sur le bien commun, la coopération et l'intervention de l'État). Il faut choisir son camp et le défendre. Comment? En se basant sur des faits, des valeurs et des études sérieuses, et non sur un hypothétique gros bon sens sans substance.

L'Action, 31 mars 2010

Même s'il se situe lui aussi à droite du spectre politique, MATHIEU BOCK-CÔTÉ se distingue de ses collègues chroniqueurs du *Journal de Montréal* par la richesse de sa pensée et de son style. Intellectuel de haut vol, il est un véritable penseur, doté d'une solide culture. Apôtre d'un conservatisme qui, écrit-il, « représente historiquement non pas un rejet du monde moderne, mais un rappel à la modernité qu'elle ne saurait vraiment suffire à l'éducation de l'homme, à son humanisation », Bock-Côté milite ouvertement pour la souveraineté du Québec, tout en critiquant les partisans de cette option qui la lient obligatoirement à un projet de société de gauche. La liberté nationale, pour ce penseur, est un projet en soi, le seul à même d'assurer l'avenir du Québec français d'ailleurs, et ne peut être soumise au marchandage idéologique. Commentateur omniprésent sur toutes les tribunes médiatiques (journaux, radio, télévision), Mathieu Bock-Côté tire plus vite que son ombre à l'oral comme à l'écrit et s'impose, depuis quelques années, comme une des plus importantes voix du Québec intellectuel. On peut toutefois reprocher à ses critiques conservatrices de l'école québécoise (il s'oppose avec virulence au renouveau pédagogique et au cours Éthique et culture religieuse) de manquer de nuance.

L'obsession conservatrice de Mathieu Bock-Côté

Énergique commentateur de la scène politique québécoise, le sociologue Mathieu Bock-Côté est un indépendantiste déprimé. Dans *Fin de cycle. Aux origines du malaise politique québécois*, il constate, avec une certaine tristesse, l'échec du souverainisme tel qu'il a été pensé depuis 1960 et le désarroi que cet inachèvement engendre dans la société québécoise. La souveraineté n'est pas advenue, mais les fédéralistes d'ici, qui souhaitaient un arrangement satisfaisant pour le Québec dans la fédération, n'ont pas gagné non plus. D'où le malaise.

Bock-Côté, contrairement à d'autres, n'en tire pas la conclusion que cette question est dépassée et qu'il faudrait maintenant passer à autre chose. « Le jour, écrit-il, où le peuple québécois renoncera définitivement à l'idée d'indépendance, ou qu'il la considérera comme totalement impraticable [...], un ressort identitaire profond se brisera chez lui, qui enclenchera une dynamique de folklorisation le conduisant à une agonie politique lente donnant un nouveau visage à ce que Hubert Aquin avait appelé la fatigue culturelle du Canada français. »

Afin d'éviter toute ambiguïté quant à ses convictions profondes, Bock-Côté réaffirme son credo fondamental. « Le Québec est notre seul pays, écrit-il. Nous n'en avons pas d'autres. C'est le seul endroit dans le

monde où nous pouvons exister comme un peuple normal. Avoir un pays n'est pas un gadget identitaire parmi
d'autres. C'est la condition même de notre participation
au monde en notre propre nom.» Voilà qui a le mérite
d'être clair et juste.

Or, le problème, selon Bock-Côté, c'est que cet
«appel de la patrie» n'est plus entendu. La question
nationale lasse les Québécois qui, désemparés, se cherchent, en refusant les étiquettes idéologiques. Ce pragmatisme, écrit pourtant le sociologue, «ne propose rien
de mieux qu'une gestion raisonnable et responsable de
notre déclin».

Sur la base de ce douloureux constat, Bock-Côté
avance sa proposition principale selon laquelle un res-
saisissement du Québec passe par «une révolte du sens
commun contre la déconstruction de l'identité nationale», par une réappropriation du «vieux fond bleu de
la société québécoise», par «la reconstitution d'un
conservatisme moderne, reconnaissant l'héritage de la
Révolution tranquille mais qui s'attacherait à le débar-
rasser de son utopisme technocratique».

Le cycle évoqué dans le titre de cet ouvrage et qui
s'achève, c'est celui qui a commencé avec la Révolution
tranquille et qui liait libération nationale et libération
sociale. Le «mythe de la Grande Noirceur», créé notamment par les intellectuels de *Cité Libre* et repris par les
nationalistes progressistes, impose alors de mettre tout le
passé canadien-français en procès. Dans cette logique,
il faut non seulement se déprendre du Canada anglais,
mais aussi du Canada français pour faire advenir un
Québec libre et moderne. «Nous comprenons maintenant les effets pervers de cette émancipation sans tradi-

tion, de cette société qui confond la confiance en l'avenir avec la détestation du passé », affirme Bock-Côté.

Le souverainisme, selon le sociologue, se serait donc égaré en ne devenant « que la poursuite du progressisme par d'autres moyens ». Alors qu'il trouvait sa légitimité dans une expérience historique et un substrat identitaire, ceux de « la majorité historique francophone », il se serait dénaturé, surtout après 1995, en se dénationalisant pour se fonder sur une affirmation des valeurs du Québec. Ces dernières, disait-on, étaient plutôt de gauche, alors que celles du Canada étaient plutôt de droite, raison pour laquelle la souveraineté s'imposait. Non plus tant, donc, pour affirmer une identité historiquement fondée que pour réaliser un projet de société différent.

Or, quand ce projet social-démocrate commence à connaître des ratés, il est inévitable que le projet de souveraineté, qui lui est désormais directement associé, perde des plumes, explique Bock-Côté. De plus, l'abandon par les élites souverainistes du discours identitaire aurait achevé de discréditer leur projet. Au moment de la crise des accommodements raisonnables, alors qu'un vieux fond conservateur renaît, ces élites s'en dissocient et refusent d'y reconnaître un élan national porteur.

Cette thèse selon laquelle le « virus idéologique » du progressisme serait la cause de l'échec du souverainisme est très contestable. Bock-Côté affirme, par exemple, que les élites souverainistes auraient fait fausse route en abandonnant « une définition substantielle de l'identité collective engendrée par l'expérience historique majoritaire » pour lui substituer des valeurs communes universalistes comme le français, langue officielle, la démocratie, les droits fondamentaux, la laïcité, le pluralisme, la solidarité, etc.

Le sociologue évoque même à quelques reprises « la désoccidentalisation de l'identité québécoise ». Les valeurs précédemment mentionnées sont pourtant l'honneur de la civilisation occidentale et sont enracinées dans l'histoire du Québec. Associées à la défense du français – « tout le reste est accroché à cet élément essentiel, en découle ou nous y ramène infailliblement », écrivait René Lévesque dans *Option Québec* –, elles sont aussi l'honneur de l'évolution du Québec et du mouvement souverainiste.

À quoi Bock-Côté fait-il donc référence quand il répète que le souverainisme néglige le discours identitaire et se désoccidentalise ? À l'effacement de l'héritage catholique ? Ce processus concerne tout l'Occident, justement, et n'explique certes pas l'échec du projet de souveraineté. À l'adhésion au multiculturalisme ? Le PQ est contre. Au mépris de ce qu'il appelle le « sens commun » ? Cette formule est un mantra qui ne signifie rien. De même, quand Bock-Côté conclut à la relative faillite de la social-démocratie québécoise, il relaie bêtement une opinion que Jean-François Lisée vient de détruire dans son essai *Comment mettre la droite K.O. en 15 arguments*, paru en janvier 2012 chez Stanké.

Bock-Côté a raison de rappeler que la souveraineté, en soi, n'est ni de gauche ni de droite (ce que Québec solidaire refuse d'accepter), mais il a tort de croire que le progressisme est son talon d'Achille et qu'un virage conservateur s'impose pour la sauver. L'expérience historique du Québec, à laquelle il est si attaché, a mené à ça : sauf exception, ce ne sont pas les conservateurs qui croient à sa nécessité, mais les sociaux-démocrates.

MATHIEU BOCK-CÔTÉ, *Fin de cycle. Aux origines du malaise politique québécois*, Montréal, Boréal, 2012, 184 pages.

Le Devoir, 25 février 2012

Le politologue CHRISTIAN DUFOUR creuse sensiblement les mêmes sillons que Mathieu Bock-Côté, mais n'a pas le panache de ce dernier. Défenseur de la « claire prédominance du français » au Québec sans exclusion de l'anglais, Dufour demeure, malgré tout, comme Mario Dumont mais avec plus de fermeté, un partisan d'un banal autonomisme provincial. Plus populiste que celui de Bock-Côté dans le fond comme dans la forme, son conservatisme (Dufour est, par exemple, contre le renouveau pédagogique et s'est opposé aux idées des étudiants grévistes en 2012) s'appuie trop souvent sur une idéologie de la modération et de l'équilibre qui s'apparente à une version chic du trivial « gros bon sens » ou de la « pensée mononcle », mâtinée d'une conception virile de la joute politique.

DENISE BOMBARDIER, elle, se passe presque de présentation. Vétéran du journalisme d'opinion québécois, la chroniqueuse ne déteste pas jouer les moralistes, tout en cultivant un certain goût de la pose. Esprit conservateur au sens sermonneur du terme, elle s'est donné pour mission de critiquer sans relâche les dérives modernistes de notre époque et de rappeler à ceux qui ont la faiblesse de les oublier les richesses d'une certaine tradition occidentale. Polémiste au féminin, une exception au Québec, il lui arrive de défoncer des portes ouvertes et de confondre l'esprit de résistance à l'époque avec la mentalité bourgeoise. Parfois courageusement effrontée, elle peut aussi devenir, en d'autres occasions, très quétaine. Dans sa première chronique à vie au *Journal de Montréal*, le 12 janvier 2013, elle frappait fort en réclamant l'abolition de la Loi sur les Indiens. Dans sa deuxième, quelques jours plus tard, elle faisait de Céline Dion un modèle pour les jeunes Québécois.

Nathalie Elgrably-Lévy, elle, assène sa vérité néolibérale visière levée. Mercenaire de l'Institut économique de Montréal, une boîte à idées versée dans le capitalisme sauvage, elle considère la loi du marché comme une loi naturelle et n'a de cesse de s'en prendre à l'interventionnisme étatique qu'elle dénonce systématiquement et tous azimuts. Sa logique est on ne peut plus claire : moins d'État = plus de marché = plus de liberté = plus de justice. Toujours limpides et cohérentes, ses chroniques, pour des lecteurs non avertis, sont d'une puissante efficacité. Le problème est qu'elles se fondent sur une construction idéologique – le libéralisme néoclassique – très contestable, dont les applications concrètes ont rarement eu les effets escomptés. En effet, l'affirmation selon laquelle moins d'État, moins de syndicats et moins d'impôts donnent nécessairement plus de richesse collective et de justice sociale ne s'est pas souvent vérifiée dans l'histoire du monde. Aussi, quand Elgrably-Lévy prétend opposer les faits à l'idéologie, elle donne elle-même dans le pire travers idéologique qui soit, c'est-à-dire celui qui consiste à plier la réalité à des fantasmes théoriques.

Principal chroniqueur des pages économiques du *Journal de Montréal*, DAVID DESCÔTEAUX, comme sa collègue Elgrably-Lévy, martèle sans retenue son credo ultralibéral. Dans une chronique du 5 novembre 2012, il expose sa vision du monde en écrivant que « l'individu est l'unité de base de la société », que « c'est en encourageant son autonomie et non sa dépendance au gouvermaman qu'on arrive au bien commun » et qu'il est donc urgent, pour sortir de la crise, de « miser sur les forces du marché », d'alléger le fardeau fiscal des entreprises, de choisir « la voie de la concurrence même en santé et en éducation » et de réduire les dépenses de l'État. En gros, donc, hors du capitalisme le plus pur, point de salut. Ça a le mérite d'être clair, mais le défaut d'être simpliste.

Grande figure du cahier des sports, RÉJEAN TREMBLAY, à qui l'on doit aussi de multiples séries télévisées à succès comme *Lance et compte*, *Scoop* et *Urgences*, est une des voix les plus influentes dans le monde du sport québécois. Souverainiste affiché, il aime bien mêler les enjeux politiques à ses commentaires. Sa renommée lui vient entre autres de son style populiste et direct et de sa réelle passion du sport qui est franchement contagieuse. Tenté par la prétention, Tremblay a un petit côté monsieur je-sais-tout qui agace souvent, mais il possède l'art de traiter du sport avec une saisissante émotion, comme s'il en allait du sort du monde, même s'il se plaît occasionnellement, populisme oblige, à rappeler le contraire. J'ai découvert, je l'ai dit, le journalisme avec lui et je ne peux que souhaiter que d'autres jeunes amateurs de sport, aujourd'hui, en fassent autant, quitte, comme ce fut mon cas, à découvrir les limites du chroniqueur par la suite. Tremblay, en effet, est un autre fier représentant de la «pensée mononcle». En juin 2012, au lendemain d'une manifestation étudiante qui avait perturbé une soirée-bénéfice organisée par les dirigeants du Grand Prix de F1 de Montréal, Tremblay qualifiait les manifestants d'anarchistes, tout en ajoutant, sans preuve aucune, que ces militants «sont souvent de valeureux assistés sociaux». On comprend donc que, pour Tremblay, la générosité-spectacle des chromés est digne, alors que la demande de justice sociale des militants est méprisable, si elle perturbe les beaux galas des nababs.

La vision du monde de Réjean Tremblay

Premier roman du célèbre chroniqueur sportif et scénariste Réjean Tremblay, *Princesse Yennenga*, dont l'action se déroule au Burkina Faso, ne déstabilisera pas les inconditionnels de l'auteur de *Lance et compte*. Tremblay, en effet, a peut-être décidé de changer de décor et de jouer la carte de l'exotisme, mais sa vision du monde, elle, ne bouge pas d'un iota.

Chirurgienne et gynécologue québécoise de 32 ans, Julie Bertrand, pour éloigner un peu l'embourgeoisement qui la guette, part en mission humanitaire au Burkina Faso. Là-bas, elle opérera des femmes devenues fistuleuses après avoir été excisées et formera des chirurgiens locaux. Sur place, dans le feu de l'action, elle fera la rencontre d'un irrésistible géologue burkinabé qui réveillera puissamment ses sens et la forcera à remettre ses habitudes en question.

Plaidoyer contre l'excision et hommage rendu à la culture traditionnelle africaine telle qu'elle s'incarne au Burkina Faso, ce roman a des prétentions progressistes. Tremblay est certes de bonne foi en se voulant féministe (les femmes, écrit-il, « sont la vie de l'Afrique ») et anti-colonialiste, mais il n'arrive pas, c'est le moins qu'on puisse dire, à réfréner sa vision du monde développée dans les vestiaires d'arénas occidentaux.

Son héroïne est brillante, fonceuse et déterminée, mais elle est surtout « sexy à faire damner un saint ». Ses seins, d'ailleurs, sont abondamment décrits. Elle a, précise le romancier, la poitrine « lourde », « généreuse » et « volumineuse », en plus d'avoir de « longues jambes » et, au total, un « superbe corps » de blonde. Ses réalisations professionnelles sont bien sûr admirables, mais elles sont surtout, ici, bandantes. On n'est pas dans *Lance et compte*, parce qu'il ne s'agit pas de hockey, mais l'esprit reste le même. Ce roman, en effet, aurait pu s'intituler *Opère et baise*.

Pour faire découvrir la noblesse de l'Afrique, Tremblay multiplie les clichés. Les Burkinabés sont pauvres mais toujours propres et surtout très fiers. Ah, s'exclame la chirurgienne, « si on avait le dixième de cette fierté au Québec, imagine ce qu'on pourrait faire ». Les Africains, d'ailleurs, sont plus proches de leurs enfants que les Québécois parce qu'ils ne les envoient pas à la garderie, ajoute la médecin en découvrant « une autre vérité ».

Et que dire, surtout, des hommes africains, de vrais mâles, eux, pleinement virils, dont la masculinité n'est pas refoulée comme celle des hommes québécois ?

L'urgentologue québécois qui partage la vie de Julie Bertrand ne fait pas le poids devant « le puissant désir animal de Bunde », le géologue burkinabé qui fera tellement exulter le corps de la gynécologue aux seins « plantureux » qu'elle en oubliera presque sa BMW.

Une fascination pour les gagnants

Sensible au sort des victimes de toutes sortes – il y a toujours, dans ses œuvres, du vrai monde malmené, mais avec de belles valeurs, qui mérite notre pitié –, Tremblay est surtout fasciné par les gagnants, par les parvenus, plus précisément, comme les joueurs de hockey, les grands journalistes ou les médecins, qui nourrissent ses fantasmes.

Sa princesse, ici, comme ses princes de la glace, ailleurs, est satisfaite d'elle-même. Oui, elle gagne plusieurs centaines de milliers de dollars par année, mais, se dit-elle avec l'assentiment du romancier, elle le mérite. La justice, pour Tremblay, c'est ça : le droit aux privilèges, pour les gagnants, est naturel, voire sacré, dans la mesure où ils font l'aumône, du haut de leur superbe.

Très télévisuelle – on imagine déjà cette histoire à l'écran –, l'écriture de Tremblay se caractérise surtout par son efficacité. Le récit, en effet, est accrocheur, surtout dans le dernier tiers du livre, et habilement mené. Il ne faut toutefois pas être allergique aux « harlequinades » (avec le « h », oui, comme dans les romans à l'eau de rose) érotisées pour l'apprécier. La narration (au passé simple et à l'imparfait) est généralement convenable, mais elle détonne, à quelques reprises, quand le romancier passe au présent de l'indicatif le temps d'une mise au point. Cela donne des passages douteux comme celui-ci : « Même le barman était impressionné. C'est vrai un peu partout dans le monde, mais encore plus en Afrique de l'Ouest : quand une personne passe à la télévision, elle devient instantanément quelqu'un de très important. Le barman et la serveuse félicitèrent Julie [...]. »

Réjean Tremblay n'est pas un mauvais raconteur d'histoires. Sa vision du monde, qui se résume à un capitalisme à visage humain appliqué à toutes les sphères de l'existence, en fait toutefois un piètre idéologue.

RÉJEAN TREMBLAY, *Princesse Yennenga*, Montréal, Éditions de l'Homme, 2012, 336 pages.

Le Devoir, 27 octobre 2012

S'il n'y avait qu'un seul quotidien québécois à lire, *Le Journal de Montréal* ne serait pas celui-là. Par chance, rien n'interdit d'en lire plus d'un, et lire celui-ci, c'est se frotter à un journalisme de type populaire qui, on l'a vu, n'est pas sans qualités. Ceux qui se contentent de ce quotidien, toutefois, sans être mal informés, se privent de mieux.

La Presse : talent, charisme et propagande

Propriété de la société de portefeuille Power Corporation qui appartient à la richissime famille Desmarais et qui a, entre autres, des intérêts dans le monde des assurances, de même que dans l'édition et les

communications à l'échelle mondiale, *La Presse*, fondée en 1884, est le principal quotidien du Groupe
Gesca (filiale de Power Corporation), qui possède
sept des dix quotidiens publiés au Québec (*Le Soleil*,
Le Droit, *Le Nouvelliste*, *Le Quotidien*, *La Tribune*
et *La Voix de l'Est*). On parle donc, ici, moins de
convergence médiatique, encore que *La Presse* marche
souvent main dans la main avec Radio-Canada, que
de concentration de la presse écrite. Qu'un même
homme possède sept des dix quotidiens d'une société
comme le Québec soulève, en effet, un problème démocratique puisqu'il peut, ainsi, exercer une influence
politique, sociale et économique démesurée.

Qualités et défauts de l'enfant chéri
de la presse écrite au Québec

Diffusé, en semaine, à plus ou moins 213 000 copies
par jour et, le samedi, à environ 260 000 copies (données de 2012), *La Presse* possède une caractéristique
remarquable : c'est le quotidien qui suscite, chez ses
lecteurs, le plus grand attachement. Les lecteurs du
Journal de Montréal et ceux du *Devoir* tiennent à leur
quotidien préféré. Les lecteurs de *La Presse* aiment
leur journal et entretiennent avec lui une relation
presque sentimentale. Plusieurs souverainistes, par
exemple, qui ne partagent pas l'orientation idéologique fédéraliste de *La Presse* lui restent néanmoins
fidèles et seraient incapables de changer de journal.
Mon grand-père, en vieillissant, était de plus en plus
atteint de cette maladie que plusieurs disent être le lot

des personnes âgées, c'est-à-dire l'avarice. Jamais, pourtant, il ne se serait privé de « sa » *Presse* par souci d'économie. Elle faisait, depuis si longtemps, intrinsèquement partie de sa vie. Plusieurs fidèles pourraient en dire autant. Ce phénomène, en soi, est remarquable et mérite d'être souligné.

Comment l'expliquer ? Par plusieurs raisons. *La Presse*, d'abord, est le plus polyvalent de tous les quotidiens québécois. *Le Journal de Montréal*, en politique, a des faiblesses. *Le Devoir*, en sports, n'est pas riche. *La Presse*, elle, ne néglige aucun domaine. Peu importe le sujet qui vous intéresse, elle peut satisfaire votre besoin d'information et, aussi, de divertissement.

La Presse, de plus, et particulièrement depuis quelques années, est un excellent journal d'information. Certains des meilleurs chasseurs de nouvelles au Québec, d'ailleurs, y travaillent (Denis Lessard, notamment, pour la politique québécoise et une solide équipe de journalistes d'enquête, composée de Fabrice de Pierrebourg, de Vincent Larouche et de Hugo Meunier, qui débusque des histoires essentielles, d'intérêt public). Sa couverture maison de la scène internationale, de même, est assurément la meilleure au Québec. Seulement en 2004, par exemple, elle a envoyé des reporters au Mali, en Haïti, en Irak, en Palestine, au Pays-Bas, en Moldavie, en Grèce et en Chine. Depuis, la chroniqueuse et grande reporter Michèle Ouimet, avec un courage et un talent admirables, a couvert, sur le terrain, les conflits afghan, israélo-palestinien, syrien et malien. En janvier 2013, *La Presse* envoyait sa journaliste Gabrielle Duchaine et son photographe André Pichette prendre le pouls de la situation en Haïti, trois ans après le violent séisme qui a ravagé le pays. Elle a, aussi, des correspondants permanents en France et aux États-Unis, ainsi qu'une chroniqueuse, Agnès Gruda, qui analyse avec brio les enjeux internationaux. Contrairement au *Journal de Montréal*, plutôt chiche à cet égard, *La Presse* met donc souvent ses immenses moyens financiers au service d'une information de qualité.

D'autres raisons, encore, expliquent son succès. Son cahier des sports est le meilleur du genre au Québec. Non seulement s'intéresse-t-il à presque tous les sports, professionnels et aussi amateurs, mais il le fait souvent dans une perspective qui dépasse le plat compte rendu d'événements et le commentaire de gérant d'estrade pour aborder, même si c'est trop rarement, des enjeux politiques, sociaux et culturels liés au monde du sport.

La Presse, enfin, est un journal de vedettes, de signatures. Plusieurs de ses chroniqueurs et éditorialistes possèdent un réel talent d'écriture, un style original et savent imposer leur forte personnalité. Dans un échange quotidien comme celui qu'est la lecture d'un journal, cet élément n'est pas à négliger. On aime toujours mieux partager et comparer nos opinions avec des gens qui ont du charisme qu'avec des manieurs de plume désincarnés.

Le seul véritable défaut de ce quotidien, en fait, tient à son orientation idéologique fédéraliste et capitaliste qui s'exprime essentiellement dans sa page éditoriale (mais aussi sous la plume de certains chroniqueurs). Il faut, à cet égard, être prudent. Dans un texte publié à l'été 2004 dans *Le Devoir* et dans lequel je me portais à la défense du *Elvis Gratton XXX* de Pierre Falardeau, je félicitais ce dernier d'avoir su dénoncer la « convergence commercialo-politique entre "Radio-Cadenas" et Power Corporation, qui gave les classes moyennes d'une bouillie fédéraliste en se drapant dans le manteau d'une information objective qui n'est, en fait, qu'une "formation" propagandiste version chic ». Quelques jours plus tard, Marc Thibodeau, journaliste de *La Presse*, me sermonnait en me rappelant que j'avais confondu le service de l'information du journal avec son équipe éditoriale (qu'il s'abstenait, par ailleurs, de juger). Il avait parfaitement raison, en vertu du premier principe général évoqué précédemment (ne pas confondre information et opinion). En toute honnêteté, en effet, on ne peut accuser le service de l'information de *La Presse*, un des meilleurs au Québec, de propagande fédéraliste et capitaliste. Le cas de la page éditoriale, toutefois, est différent.

On ne saurait nier le droit de l'équipe éditoriale de *La Presse*, qui représente le point de vue de son propriétaire, d'être fédéraliste et procapitaliste. Il en va, ici, de la liberté d'expression. Ce qu'on peut, toutefois, lui reprocher, c'est la manière, qui flirte avec la manipulation de l'opinion. À chaque campagne électorale ou référendaire québécoise, *La Presse*, par l'entremise de son éditorialiste en chef, louvoie et fait mine d'évaluer au mérite les programmes et arguments de différentes formations politiques. Ainsi, suggère-t-elle, si elle critique le Parti québécois en éditorial, c'est au nom du « gros bon sens », un concept qui, on l'a montré, ne veut rien dire et n'a aucune signification dans un débat sérieux. Au passage, pour s'assurer une crédibilité, elle critiquera bien un peu le Parti libéral du Québec (PLQ), mais on sait que les dés sont pipés puisque, avant même le déclenchement des hostilités, *La Presse* a déjà choisi son camp qui se résume à tout sauf le PQ et la souveraineté. Que valent, alors, ces éditoriaux qui se présentent sous le couvert d'une quasi-neutralité que l'on sait être fausse ?

Un raisonnement semblable s'applique à son traitement des conflits de travail. Jamais l'équipe éditoriale n'affirme clairement son *credo* propatronal. Elle prend position, tente-t-elle de nous faire croire, à la pièce. Elle parle, pourtant, au nom d'un des plus gros patrons du Québec, ce qui, pour le moins, colore ses jugements. Aussi, en plus de vingt ans d'une lecture systématique des éditoriaux de *La Presse*, je n'ai jamais lu un véritable texte d'appui à une grève. « Nous ne sommes pas contre les syndicats ou contre le droit de grève », ne cessent de répéter ses éditorialistes, avant, toujours, d'ajouter un gros « mais ». Le moment, par exemple, serait toujours mal choisi, il ne faudrait pas prendre les élèves, les patients ou les consommateurs en otage, mieux vaut la discussion, etc.

En matière d'interventionnisme d'État d'inspiration sociale-démocrate, on a droit au même manège. Quand on pense que Power Corporation a des intérêts dans l'assurance, santé entre autres, on se demande quelle crédibilité peuvent bien avoir des éditorialistes à sa solde qui suggèrent qu'une certaine privatisation de notre système de santé pourrait être bénéfique. « À qui ? », est-on obligé de demander.

La Presse, il faut y insister, est un grand quotidien. Il faut donc la lire, mais ne pas être dupe de son orientation idéologique qui fait surtout des siennes en situation de crise nationale. À cette condition, on peut apprécier pleinement le travail des journalistes de grand talent qui y œuvrent.

Quelques journalistes vedettes

Véritable phénomène du journalisme québécois, PIERRE FOGLIA mériterait un ouvrage à lui seul. Prince des chroniqueurs d'ici par sa notoriété et l'engouement qu'il suscite, Foglia est une sorte d'individualiste radical avec une conscience sociale, de républicain conservateur à la française avec une mentalité de vieux rocker. Cavalier solitaire, il reste difficile à classer sur le plan idéologique, même s'il se dit indépendantiste et plutôt à gauche. Certains, plus critiques, le considèrent, non sans raison, comme une sorte de fou du roi de *La Presse*, qui se protège ainsi contre les accusations de n'être que fédéraliste et capitaliste. Ce qui explique, toutefois, son immense popularité, c'est d'abord et avant tout son style, volontairement rugueux et extrêmement efficace en ce qu'il parvient, avec un rare génie, à combiner le ton pamphlétaire (qu'il réserve la plupart du temps aux grosses têtes) à une sensibilité à fleur de peau. Même si ses chroniques choquent autant qu'elles ravissent, elles restent une des richesses du journalisme québécois.

Pierre Foglia : pour un humanisme vulgaire

> Je vais trop vite ? C'est pas moi, c'est la
> vie. Ne restez pas là à lire le journal.
> Allez voir les fleurs.
>   PIERRE FOGLIA, mai 1995

L'homme, c'est entendu, n'a plus besoin de présentation.
Chaque semaine, ses trois chroniques habituelles font la
joie des amateurs de vigueur stylistique et ébranlent, la
plupart du temps, la conscience endormie des Québécois, plus habitués aux consensus mous qu'à la fronde
iconoclaste. Que Pierre Foglia soit lu par tant de gens
constitue, à n'en pas douter, un paradoxe, car l'*humanisme vulgaire* qui habite la plupart de ses chroniques se
situe à mille lieues de la mélasse idéologique ambiante
avec laquelle les faiseurs d'opinion actuels attirent les
mouches friandes de consommation médiatique.

Humanisme vulgaire. Cette étiquette *ad hoc* peut
sembler péjorative, mais elle ne l'est en rien. Elle sert
plutôt à qualifier un univers unique dans le monde journalistique québécois, univers qui se caractérise par un
parti pris résolu en faveur de la dignité humaine, avec
ses faiblesses assumées, et un style dont la vivacité relève autant d'une oralité maîtrisée que d'un vocabulaire
franc, sans concession mondaine. Évidemment, il y a
parfois risque de traumatisme pour les petites natures :
« Mais dites-moi ce qui fait du plombier, du technicien en
électronique, de l'infirmière, des citoyens plus respon-
sables : être capables de déjouer le message publicitaire qui est en train de les baiser, ou savoir, en récitant
"mignonne allons voir", que Ronsard, cet immense con

couvert de gloire, est devenu sourd à force de se crosser dans un jardin de roses ? » (*La Presse*, 16 avril 1994) Du Mongrain ? De la démagogie anti-intellectuelle ? Mais non ! Juste ce qu'il faut d'irrévérence envers les monuments trop souvent douteux afin d'injecter de l'enthousiasme à une culture que d'aucuns voudraient mortifier.

Qu'un Jean Larose ait sauté sur l'occasion, en 1994, afin de lui faire une petite leçon de moralisme culturel (voir *La souveraineté rampante*, Boréal) ne laisse pas sans étonner. Car, enfin, qui, dans la presse québécoise, à part Pierre Foglia, accorde une place aussi importante à la littérature dans ses interventions publiques ? Qui, au Québec, à part Foglia, n'a de cesse de nous rappeler qu'il vit avec les livres et que la seule idée de leur disparition l'inquiète au plus haut point ? Je cherche et n'en trouve pas beaucoup. Et je me dis qu'il faut bien de la mauvaise foi pour accuser d'incitation à « la contre-culture de consommation » (dixit Larose) quelqu'un qui a déjà écrit que « le paradoxe du fric, l'injustice jamais dénoncée, c'est que celui du pauvre sert souvent à acheter de l'inégalité culturelle » (Foglia, 29 mai 1995).

Bien sûr, les gros mots font peur à bien des gens bien sûr, ils en font se bidonner d'autres et, bien sûr, finalement, Pierre Foglia est aimé ou honni pour les mauvaises raisons. Mais il n'y a rien là que de très normal, car l'*humanisme vulgaire* est un cocktail dur à avaler : il défend la culture devant ceux qui la refusent et la désacralise devant ceux qui bavent devant elle et s'en servent à des fins de distinction. D'où la méprise, puisque ceux qui la refusent applaudissent à sa désacralisation et ignorent sa défense et ceux qui la déifient ne voient que sa défense et rejettent sa désacralisation. Anyway, peut-être. Mais dommage tout de même, mon vieux, car le malentendu reste entier.

Cela dit, il faut en rajouter. Car le talent de Foglia, pourrait-on dire par humour noir, ne se résume pas qu'à cette capacité qu'il a de prendre ses lecteurs à rebrousse-poil sans même qu'ils s'en rendent compte. S'il n'était que cela, qui est déjà beaucoup, l'*humanisme vulgaire* serait inachevé, il lui manquerait cette touche d'humanité fragile, cet art de dire la beauté des choses banales et quotidiennes sans avoir l'air d'y toucher, comme si elle allait de soi depuis toujours : « Ta mère, tiens. Ça va te prendre des années avant même de la voir. [...] Tu vas trouver que c'est toutes les femmes dans une. Tu vas trouver que c'est trop. Un jour, très très longtemps après, un dimanche après-midi sûrement, tu la prendras dans tes bras et tu lui diras : "Maman, je t'aime." Comme ça. Pour rien. Ça aura pris tout ce temps pour que ça déborde. Elle sera vieille et toi marié. Remarié. Reremarié. Pas très bien d'ailleurs. Quand on a eu toutes les femmes, une c'est jamais assez. » (31 décembre 1994) Comme ça. Sans jargon psychanalytique. Cet art de nous rappeler le drame du temps qui passe et qui bouffe, l'hypocrite, le court temps de nos vies.

Or, malgré cela, malgré le temps qui va trop vite, l'*humanisme vulgaire* de Pierre Foglia ne se trouve pas pour autant du côté de la résignation. Il nous invite à garder le front haut, à ne pas sombrer dans « cette merde transpersonnelle » (4 mai 1995) que de nouveaux vendeurs du temple essaient de nous refiler afin de transformer nos angoisses existentielles en butin pour leurs poches de charlatans, il nous invite à ne pas confondre le nécessaire combat pour la justice sociale avec la charité spectaculaire, cette orgie de « bonté excessive » (26 décembre 1992) qui entretient la pauvreté pour permettre aux nantis d'étaler au grand jour, une couple de fois par année, leur générosité : « Je ne sais pas ce qu'il convient de faire. Mais je sais au moins un truc : il faut arrêter de faire un show de notre générosité. De faire les guignols aux guignolées. De faire une fête. Un festival de plus. Il n'y a absolument rien de glorieux dans l'obligation de faire la charité au lieu de la justice. » Et si le « gros père Noël heavy qui va chier sous le sapin des pauvres » (5 janvier 1995) s'exprime ainsi, c'est simplement pour nous rappeler que la dignité humaine a trop de prix pour être marchandée en échange de certificats de grandeur d'âme remis sous les feux des projecteurs.

Humanisme, parce que l'homme, sa « fiancée » et la vie, celle qui se passe et qui passe, sont ici présentés pour ce qu'ils sont, c'est-à-dire grandeurs, petitesses, fragilités, beautés et laideurs confondues, mais surtout aimés d'une tendresse inébranlable qui ne saurait s'effriter puisqu'elle est sincère et donc, parfois, dure. *Vulgaire*, parce que sans exclusion, à hauteur d'homme, parce qu'il concerne la vie et parce qu'il sait que cela se déroule ici et maintenant, même si c'est plein de passé. Lire Pierre Foglia, c'est apprendre à connaître « la grandeur des petits » (20 mai 1995), ce que nous sommes tous.

Combats, hiver 1995

Sa collègue NATHALIE PETROWSKI aimerait sûrement qu'on en dise autant de ses chroniques, mais son univers, même s'il présente certaines qualités, n'a pas la même profondeur. Chroniqueuse culturelle qui joue la carte de l'effronterie brillante, Petrowski, même si elle cultive le style de la polémiste au féminin, se contente trop souvent de surfer sur les événements de l'actualité sans réussir à imposer sa personnalité et ses opinions. A-t-elle des idées de fond ? Impossible de le savoir. Elle reste cependant capable de belles et saines indignations. En janvier 2013, au moment où le comédien français Gérard Depardieu annonce qu'il quitte la France pour s'installer en Russie afin de fuir la fiscalité de son pays d'origine qu'il trouve trop lourde, Petrowski lui réserve un éreintement de luxe. Après avoir traité le comédien de « clown » et de « gros con » pour son nouveau rôle d'« animal de compagnie de Vladimir Poutine », elle conclut qu'« entendre Depardieu vanter les mérites de cette grande démocratie qu'est la Russie, en taisant les meurtres de journalistes et les emprisonnements des opposants au régime, donne mal au cœur quand ça ne fait pas carrément vomir ». La Petrowski, comme on l'appelle parfois, a donc encore du ressort.

Yves Boisvert fait plutôt, quant à lui, dans la modération intelligente. Moins tapageur que ses collègues, il est peut-être celui qui incarne le mieux l'esprit de La Presse, c'est-à-dire la voix d'une classe moyenne instruite, informée, à peu près satisfaite de sa situation, mais sensible aux petits dérapages de l'actualité. La voix, en quelque sorte, de la réforme très tranquille, fidèle au centrisme politique et exprimée avec élégance et émotion. L'éditorialiste François Cardinal, qui commente surtout les enjeux scolaires, environnementaux et montréalais, s'inscrit dans le même registre. Sa ligne de pensée correspond à l'idéologie d'une classe moyenne éclairée tirant parfois un peu à droite, mais se réclamant d'un progressisme modéré, attaché à un statu quo amélioré.

Vétéran de la chronique politique canado-québécoise, Lysiane Gagnon cultive l'image d'une commentatrice au-dessus de la mêlée. Depuis quelques années, toutefois, ses prises de position se conforment de plus en plus à l'orientation idéologique éditoriale de *La Presse*, c'est-à-dire qu'elles s'accommodent d'un fédéralisme canadien qu'elles se contentent de critiquer sur les détails, tout en étant particulièrement sévères à l'endroit du PQ. Plusieurs affirment que Lysiane Gagnon a déjà été une voix incontournable de nos débats politiques et sociaux. Peut-être, mais, dans les dernières années, elle ne s'est pas imposée à ce titre. Comme analyste politique, son collègue Vincent Marissal, omniprésent sur les tribunes médiatiques, sans être éclatant, a le mérite d'être moins prévisible, même s'il ne quitte jamais l'ornière analytique et centriste.

Chroniqueur et reporter touche-à-tout qui, comme son collègue Richard Martineau, entretient son image de franc-tireur n'ayant pas froid aux yeux, Patrick Lagacé a d'abord fait sa marque au *Journal de Montréal* en signant des textes provocateurs, mais sans réelle envergure. Son créneau, c'est l'élément humain sur fond d'enjeux sociaux. Sensible à sa notoriété de journaliste effronté, un style dont sont friands certains lecteurs qui ont appris à débattre en écoutant les tribunes téléphoniques des réseaux privés, *La*

Presse l'a débauché en 2006. Depuis, Lagacé y a fait sa niche, sur le ton qui lui avait valu du succès, notamment auprès des jeunes lecteurs, chez son précédent employeur. Épigone de Pierre Foglia, Lagacé n'a cependant ni la profondeur intellectuelle ni le bagout stylistique de son maître. Avec les années, toutefois, son style – clair, direct, rugueux quoique parfois mâtiné d'un lyrisme un peu racoleur – gagne en personnalité. Alors que la plupart des chroniqueurs populistes défendent des idées de droite, Lagacé, c'est son originalité, conjugue ce ton avec un point de vue de centre gauche, sans renoncer, toutefois, à la démagogie. En 2007, sur le plateau de *Tout le monde en parle*, il affirmait que *Le Devoir* péchait par emploi de mots trop compliqués! Comme pédagogie citoyenne, on a déjà entendu plus pertinent.

Éditorialiste en chef de *La Presse,* ANDRÉ PRATTE occupe une des fonctions les plus prestigieuses du journalisme québécois, mais il doit vivre avec les contraintes qui l'accompagnent. Excellent journaliste et essayiste de talent, Pratte, désormais, s'exprime au nom de son patron. Chroniqueur dans les années 1990, il avait été mis sur une tablette pour cause d'insubordination. Le voilà, aujourd'hui, porte-parole de l'entreprise! Ce qu'il a, toutefois, gagné en prestige, il l'a perdu en matière de liberté d'expression. Journaliste d'opinion au style limpide et efficace, brillant commentateur de la scène politique canado-québécoise, Pratte défend donc l'orientation idéologique de *La Presse* avec talent et fidélité, mais son statut de penseur en service commandé affecte nécessairement sa crédibilité.

André Pratte et la conversation démocratique

André Pratte me charme et m'irrite à la fois. Journaliste d'opinion à la plume très claire, élégante et efficace, il signe presque toujours des textes bien informés qui cultivent un souci du débat public constructif et qui évitent le mépris des adversaires. Nul cynisme chez lui : sincères, ses prises de position dénotent une évidente volonté de contribuer au mieux-être de la société québécoise dans le respect des autres et dans les limites que lui impose sa prestigieuse fonction. Pratte, en effet, est éditorialiste en chef à *La Presse*, un poste qui lui interdit, pourrait-on dire en boutade, l'indépendance et le garde des tentations sociales-démocrates trop prononcées. Ses deux essais précédents, *Le syndrome de Pinocchio*, sur le mensonge en politique, et *Les oiseaux de malheur*, sur les dérives médiatiques qui discréditent le journalisme, ont été salués avec raison.

S'il m'irrite aussi, toutefois, c'est par son obsession du pragmatisme, par son insupportable centrisme qui l'amène à se méfier comme la peste de toute position franchement militante qu'il assimile un peu vite à de l'aveuglement idéologique. «Je n'aime pas les personnalités militantes», avoue-t-il, en laissant entendre qu'il n'appartiendrait pas, lui, à cette catégorie de gens dont il déplore le manque d'ouverture d'esprit. Sa position d'extrême-centre, pourtant, qu'il s'échine à faire passer pour une incarnation de la sagesse et du gros bon sens, n'en reste pas moins, elle aussi, une posture idéologique avec tout ce que cela comporte de partis pris et, dans ce cas précis, de démagogie populiste.

Le temps des girouettes, son plus récent essai qui se présente comme le «journal d'une drôle de campagne électorale», illustre une fois de plus les deux facettes de la personnalité de l'influent journaliste. Rédigée d'octobre 2002 à avril 2003, cette «chronique d'une saison politique inusitée» permet à l'éditorialiste de commenter plus librement qu'il n'a pu le faire dans les pages de *La Presse*, fonction oblige, les aléas de la dernière campagne électorale. À travers «portraits, anecdotes, réflexions» et sans «aucune prétention à la profondeur», Pratte se donne pour mandat de prendre le pouls de notre univers politique et en profite pour exprimer quelques-unes de ses convictions quant à l'état actuel des lieux et à l'avenir. Vive et limpide, sa prose se lit avec grand plaisir.

Des portraits impressionnistes

Les portraits très impressionnistes qu'il trace des acteurs politiques en présence nous permettent d'emblée de cerner sa sensibilité politique. La simplicité de Mario Dumont lui rend le personnage sympathique, mais ne lui fait pas oublier «le simplisme de ses idées». De Charest, dont il fut le biographe en 1998, il admire la détermination, mais ses sentiments à son égard restent mitigés: «L'homme est aussi impénétrable qu'orgueilleux.» Le Landry brillant et cultivé l'impressionne, mais le «prétentieux» l'irrite.

À ses yeux, les Legault, Facal et Boisclair, parce qu'ils «ont le mérite d'être à l'écoute des Québécois», contrairement à leurs collègues «purs et durs», représentent l'avenir du PQ. Il aime le pragmatisme du premier, l'intelligence et l'audace du deuxième qui refuse le «modèle québécois dans sa forme purement étatiste», mais le caractère «hautain» du troisième, toutefois, l'indispose. Déçu par le virage politicien de l'ADQ, il se permet, au passage, de décrire l'organisateur politique Marc Snyder comme «un homme dont toute la personnalité transpire la manigance», et ce, avant l'affaire qui minera la crédibilité de l'homme.

La vision politique de Pratte, on le constate déjà, se met en place. Pour lui, le Québec est mûr pour des changements fondamentaux qui iraient dans le sens d'une mise à l'écart du débat sur la question nationale («j'en ai marre d'un Québec divisé en deux camps») et, surtout, dans le sens d'une importante remise en question de la social-démocratie version péquiste.

Chez l'ADQ de Dumont, ce n'est pas l'idéologie néolibérale qu'il n'aime pas; c'est «l'immaturité du parti». Ça en dit déjà long sur l'horizon politique du supposé centrisme de Pratte! Au PQ, il reconnaît certaines qualités, surtout grâce aux figures les plus critiques du «modèle québécois», mais le souverainisme et les «rigidités» de la social-démocratie ne trouvent pas grâce à ses yeux. Reste donc, faute de mieux, le PLQ de Jean Charest dont le mérite, faut-il croire, serait d'incarner une compétence… au contenu adéquiste mal assumé.

Les gens d'affaires, écrit Pratte le 8 octobre, voteront pour Charest quand même, malgré le fait qu'il ne les inspire pas. Eh bien, l'éditorialiste aussi, finalement.

Qui est girouette?

«Profondément nationaliste», Pratte considère pourtant la souveraineté comme dépassée, même s'il reconnaît que la question de la place du Québec dans la fédération canadienne n'est pas réglée. «On fait quoi, alors?» serait-on tenté de lui demander. Affirmant se considérer «comme un social-démocrate bien plus que comme un néolibéral», il appelle pourtant de tous ses vœux la remise en question du «rôle traditionnel de l'État au Québec» afin de «cheminer vers une société plus responsable» et il vote libéral! Un néolibéral ne ferait pas mieux dans le genre «gros bon sens» anti-social-démocrate inavoué.

Pratte, cela dit, vise souvent juste quand il critique, au passage, certains mythes et travers du monde politique et médiatique québécois. Prudence, dit-il, à l'égard des vertus démocratiques de la décentralisation. Attention, aussi, à l'effet subliminal des sondages sur le travail des journalistes et aux dénonciations faciles de la langue de bois des politiciens qui est souvent la conséquence du mauvais sort réservé à ceux qui s'en écartent.

Sa thèse la plus originale tourne cependant autour du concept mou de «conversation démocratique» qu'il développe en conclusion. Les Québécois se sont-ils comportés en girouettes? Après l'automne adéquiste de 2002, l'hiver péquiste de 2003 et le printemps libéral d'avril 2003, comment conclure autrement? Selon Pratte, ce ne fut pourtant pas le cas. La tendance lourde, qui semblait changer de couleur au gré des saisons, aurait plutôt été mal saisie par les analystes.

Les Québécois, dit-il, avaient « le goût du changement » et cherchaient honnêtement à évaluer lequel des trois partis principaux l'incarnerait le mieux. Ce sont donc plutôt les politiciens qui ont joué les girouettes. La « conversation démocratique » aurait fait le reste : « Décembre 2002, juste avant les fêtes, des premiers signes de fragilité : les appuis à l'ADQ diminuent, la proportion d'indécis gonfle. Que se passe-t-il ? Ici entre en jeu ce que j'appelle la conversation démocratique. Les citoyens ne suivent pas la politique d'assez près pour réagir immédiatement aux événements qui passionnent les journalistes. Mais ils parlent politique, beaucoup. Si à court terme un événement précis n'a pas d'effet, à moyen terme, une suite d'événements, répercutés par les conversations entre amis et en famille, finissent par faire bouger l'opinion. Les discussions entre amis, les débats dans les familles, c'est là démocratie en action. » Ainsi, soumis à l'épreuve de cette « conversation démocratique », les faiblesses de l'ADQ, le caractère improvisé du projet de semaine de quatre jours du PQ et la performance de Jean Charest le soir du débat auraient mené aux résultats que l'on connaît.

Sagesse du peuple qui ne se laisse pas influencer indûment par les pirouettes politiciennes et le discours journalistique, conclut donc André Pratte. Astuce du faiseur d'opinions, ajouterai-je, qui, tout en influençant le peuple par la direction qu'il s'acharne à donner à la « conversation démocratique » (la souveraineté est dépassée, la social-démocratie a dégénéré, le PQ est arrogant), fait mine de se tenir à l'écart en murmurant : « Je n'y suis pour rien. » C'est faux : il y est pour quelque chose.

André PRATTE, *Le temps des girouettes. Journal d'une drôle de campagne électorale*, Montréal, VLB éditeur, 2003, 224 pages.

Le Devoir, 11 octobre 2003

Son prédécesseur, ALAIN DUBUC, présente les mêmes qualités journalistiques auxquelles il ajoute un énergique enthousiasme dans la défense du néolibéralisme. Dubuc est un habile argumentateur à l'orientation idéologique claire. Son fédéralisme militant, à saveur nationaliste québécoise, se fonde sur des arguments économiques. Critique sévère de ce qu'on a appelé le modèle québécois, il dénonce sans relâche les ratés de la social-démocratie, qu'il propose de corriger par un capitalisme créateur de richesse et à visage humain au nom, affirme-t-il lui aussi, de l'efficacité et du « gros bon sens ». À la manière des idéologues néolibéraux, Dubuc s'amuse à assimiler la gauche politique au conservatisme et à faire passer le libéralisme pour la voie du progrès, du courage et de l'audace. Il s'impose comme un des plus redoutables adversaires de la pensée sociale-démocrate québécoise.

Membre de l'équipe d'enquête de *La Presse* pendant quelques années, FRANCIS VAILLES est devenu chroniqueur économique au début de l'année 2013, prenant ainsi le relais de Claude Picher, son célèbre prédécesseur à ce poste, désormais à la retraite. Comme Picher, Vailles commente les grandes questions économiques à partir d'une grille de centre droit, dans un style limpide et pédagogique. Toujours instructives et respectueuses des points de vue adverses,

ses chroniques enrichissent le débat public. Les lecteurs plus à gauche auront toutefois raison de les trouver parfois tendancieuses.

Ancien directeur des pages culturelles de *La Presse*, auteur d'une biographie du chanteur Gerry Boulet et d'un essai contre l'antiaméricanisme, l'éditorialiste MARIO ROY est une des plumes les plus intéressantes du journalisme d'opinion au Québec. Branché sur les débats intellectuels à l'échelle internationale, Roy se veut un épigone québécois du penseur français Jean-François Revel, grand pourfendeur des idées de gauche qui mèneraient, au mieux, à l'immobilisme social et, au pire, au totalitarisme. Intellectuel rocker qui aime bien commenter les tendances sociales de fond savantes ou populaires, Mario Roy est un penseur libéral éclairé pour qui il existe un lien direct entre le capitalisme et la démocratie. Son style, souvent empreint d'un certain humour haut de gamme, est une rareté dans le genre éditorial. Le réel plaisir de lecture qu'il suscite ne doit cependant pas faire oublier l'orientation idéologique très contestable de cet éditorialiste remarquablement habile.

En matière de journalisme sportif d'opinion, RONALD KING, au Québec, fait cavalier seul. Chroniqueur qui brille par son indépendance d'esprit, King a choisi de se retirer du réseau officiel (les conférences de presse du Canadien, par exemple) pour commenter plus librement l'activité sportive, tant professionnelle qu'amateur. Intitulée « Du revers », pour indiquer une position décalée, sa chronique a le grand mérite de sortir des sentiers battus en matière de commentaire sportif. Elle traite parfois, bien sûr, des exploits et des ratés du Canadien, mais aussi d'une ligue amicale de ballon-chasseur, du basket-ball scolaire, d'une lutteuse olympique universitaire, du sport en général, quoi, et pas seulement du sport-spectacle. Sympathique et souriant, même dans la critique, le ton du chroniqueur nous rappelle aussi, avec raison, que c'est « juste de sport » dont il est question.

Le critique musical CLAUDE GINGRAS, dans le domaine de la musique classique, est presque une institution. Son style de vieux grincheux à cheval sur les principes et enclin à une certaine mesquinerie en agace plusieurs, mais d'autres apprécient sa rigueur tatillonne, de même que son écriture limpide et sans ornement.

Un mot, enfin, sur le chroniqueur STÉPHANE LAPORTE, qu'apprécient tant de milliers de lecteurs de *La Presse* du samedi. Laporte, il faut le préciser, n'est pas un journaliste, mais plutôt un humoriste et un homme de télévision (il est le grand manitou de la version québécoise de l'émission *Star Académie*) qui écrit dans un journal. Ses chroniques, d'abord appréciées pour leur drôlerie, sont rapidement devenues de petites pièces nostalgiques qui ramènent les lecteurs aux beaux jours de leur enfance. Souvent touchantes quand elles évoquent, entre autres, le père pantouflard et fumeur du chroniqueur, elles restent la plupart du temps trop sucrées, pleines de bons sentiments à cinq sous et, surtout, profondément petites-bourgeoises, c'est-à-dire parfaitement inoffensives.

La Presse, on le constate, a beaucoup à offrir. En information, elle est à la hauteur de sa prétention qui est d'être un excellent journal de référence. Dans le domaine de l'opinion, elle offre, aussi, un menu très riche, mais à consommer avec prudence et lucidité parce que nous y sommes en terrain miné par des idéologies qui n'avouent pas toujours leur nom.

Dans sa chronique du 2 décembre 2004, Pierre Foglia affirmait être tanné du discours d'une certaine gauche nationaliste qui méprise *La Presse*. « En tout cas, écrivait-il, vous êtes aveugles. Depuis trois ou quatre ans, *La Presse* est devenue un très bon journal d'information. » En février 2005, dans le mensuel de gauche nationaliste *L'Aut'journal*, Pierre Dubuc lui répliquait en rappelant certaines des prises de position douteuses d'André Pratte, de Lysiane Gagnon, de François Cardinal et d'Alain Dubuc, tous des journalistes d'opinion. Dubuc, ce faisant, oubliait le premier principe général du journalisme (distinction entre l'information et l'opinion) et ne réfutait donc pas l'affirmation de Foglia qui concernait l'information. Le texte du directeur de *L'Aut'journal*, même s'il faussait le débat, avait au moins le mérite de rappeler que les opinions éditoriales de *La Presse* ne brillent pas souvent par leur progressisme.

Le 17 février 2005, Foglia, irrité par les accusations de partisanerie formulées à l'endroit de *La Presse* dans la saga de l'emplacement du CHUM (saga dans laquelle Paul Desmarais et sa famille, propriétaires de *La Presse*, ont agi comme lobbyistes pour le site d'Outremont), revenait à la charge en semant lui-même, cette fois-ci, la confusion : « Contrairement à ce que le public s'imagine, la grande majorité des journalistes sont de très honnêtes travailleurs de l'information, mais chez quelques-uns, cette honnêteté touche presque à la religion. Chez nous, André Noël, par exemple, et, autre exemple, André Pratte. Je ne suis pas admiratif, ne croyez pas. Y m'énarvent. Je les trouve souvent précautionneux. Cela dit, tu ne doutes pas d'André Noël. Tu ne doutes pas d'André Pratte. » Il ne s'agit pas, pourtant, dans le cas de Pratte, d'une question d'honnêteté personnelle, mais d'une question de crédibilité liée à la fonction qu'il occupe à *La Presse*, celle d'éditorialiste en chef. Le lendemain, Franco Nuovo, dans *Le Journal de Montréal*, en réplique à Foglia qui l'avait provoqué en le présentant comme « une des plus joyeuses guidounes de la profession », remettait les choses dans leur juste perspective : « Tu te poserais pas des questions, toi, Foglia, sur les liens possibles entre *La Presse*, le CHUM Outremont, Québec et les gens d'affaires qui font pression ? Te rappeler, aussi, en passant, qu'il est question ici d'éditorialistes et que, par définition, ils reflètent dans leurs écrits l'orientation du journal qui les emploie et qui t'emploie. » Ce réjouissant duel de coqs, dans lequel Nuovo finit par avoir raison, même si ses qualités de pamphlétaire ne sont pas à la hauteur de celles de Foglia, montre au moins une chose : si même les journalistes les plus chevronnés peuvent errer à l'heure de distinguer l'information de l'opinion, la plus grande prudence à cet égard s'impose chez les simples lecteurs qui souhaitent s'y retrouver en toute lucidité.

Le Devoir : un grand journal en quête de lecteurs

> Un journal vraiment indépendant n'a
> qu'un maître : son public. Qu'un guide :
> la conscience de l'intérêt collectif. Qu'une
> règle : l'examen des questions telles
> qu'elles se posent, non telles qu'on peut
> les exploiter.
>
> JEAN-CLAUDE LECLERC

Propriété d'une corporation indépendante qui n'a
d'autres intérêts financiers que le succès du journal
qu'elle gère, Le Devoir est, en ce sens, le seul vrai quotidien indépendant du Québec. Sa structure de gestion
assure à son directeur une liberté éditoriale à peu près
totale. Fondé en 1910 par le grand homme politique
canadien-français Henri Bourassa, Le Devoir a toujours été un quotidien nationaliste. Depuis le passage
de Lise Bissonnette à sa tête dans les années 1990, il
est devenu un quotidien souverainiste à tendance social-
démocrate, une ligne éditoriale aujourd'hui assumée
par son directeur Bernard Descôteaux.

Quand Le Devoir prend position, il le fait donc
à titre d'institution soucieuse de ses propres intérêts et
de l'intérêt public, et non d'intérêts privés autres, ce
qui lui donne une crédibilité que ne peuvent revendi-
quer ses concurrents. On s'attendrait donc, dans ces
conditions, à ce qu'il jouisse d'une grande réputation
et d'une forte popularité puisque l'indépendance d'esprit est une valeur recherchée dans notre société.
Pour la réputation, Le Devoir n'a pas à se plaindre.
Tous, ou presque, le reconnaissent comme un

grand journal, sinon comme le meilleur au Québec.
Pour la popularité, toutefois, il n'en va pas de même
et cela constitue le talon d'Achille de ce quotidien.

Qualités et défauts du journal
le plus prestigieux du Québec

Diffusé, en semaine, à plus ou moins 32 000 copies
par jour et, le samedi, à environ 52 000 copies (données de 2012), *Le Devoir*, c'est une évidence, ne fait
pas le plein de sa clientèle potentielle, c'est-à-dire la
classe instruite du Québec (diplôme collégial ou plus).
Comment expliquer cette situation ? Quelques raisons
peuvent être avancées.

Il faut tenir compte, d'abord, de la popularité
de *La Presse*, même dans les rangs de ceux qui, sur
le plan idéologique, devraient en toute logique lire
Le Devoir. On pense, ici, surtout, aux souverainistes
et aux partisans de la social-démocratie, qui ne
doivent pas particulièrement apprécier l'orientation
idéologique de *La Presse*. Cela étant, pour des raisons
évoquées dans la section précédente, plusieurs de
ceux-là, pour le meilleur et pour le pire, restent attachés
au quotidien de la rue Saint-Jacques.

Une deuxième explication tient à la réputation
du *Devoir*, souvent perçu comme un quotidien difficile d'accès, complexe et trop intellectuel. Cette situation relève d'une fausse perception et d'un paradoxe.
La plupart des textes publiés dans Le *Devoir*, préci-
sons-le, surtout dans le domaine de l'information, ne
sont pas plus difficiles à lire que ceux publiés dans *La
Presse*. Le paradoxe, quant à lui, pourrait se résumer

ainsi : ceux qui accusent *Le Devoir* de faire dans l'austérité et l'intellectualisme sont souvent ceux qui critiquent le sensationnalisme abusif des autres médias.
Cherchez l'erreur !

Ainsi, force est de constater que si tous les lecteurs qui se disent souverainistes, sociaux-démocrates
et attachés à une presse indépendante et sérieuse
étaient conséquents, *Le Devoir* gagnerait du coup des
dizaines de milliers de lecteurs.

Ces remarques, toutefois, ne doivent pas faire
oublier les quelques faiblesses du prestigieux quotidien de la rue De Bleury. Sa section « Sports », par
exemple, est plutôt mince. Son manque de moyens financiers l'empêche de concurrencer *La Presse* sur le
plan de l'information internationale maison. Il compense un peu sa faiblesse à cet égard par des ententes
avec les grands journaux français *Le Monde* et *Libération*, mais cela ne remplace pas les reportages maison. Ses rares incursions du côté du divertissement
(les chroniques du vendredi de Josée Blanchette, par
exemple) sont souvent un peu guindées et d'esprit
petit-bourgeois chic.

Ces quelques défauts ne font toutefois pas vraiment pâlir sa réputation de quotidien le plus sérieux
du Québec. En information, *Le Devoir* se démarque
de la concurrence en refusant le sensationnalisme et
en accordant la priorité aux informations d'intérêt
public, c'est-à-dire celles qui concernent la politique,
les enjeux sociaux (santé, éducation, services sociaux,
justice, environnement), l'économie et la culture, qu'il
traite avec rigueur. Le monde de la culture, en particulier, trouve dans ce journal un suivi constant et à nul

autre pareil. *Le Devoir*, par exemple, est le journal de référence en matière de littérature, de danse, de théâtre, de musique et de cinéma québécois ou étrangers. On peut trouver dommage qu'il néglige les faits divers les plus racoleurs, une denrée toujours vendeuse, mais c'est là la condition d'une information sérieuse qui refuse de tout mettre sur le même pied.

En ce qui concerne la ligne éditoriale, *Le Devoir*, on l'a mentionné, se présente comme le seul quotidien (plutôt) souverainiste du Québec, sans pour autant être péquiste, et il se situe, la plupart du temps, au centre gauche de l'échiquier politique. Sa boussole : les intérêts de la société québécoise avant tout. Ses principaux journalistes d'opinion conservent toutefois leur personnalité distincte.

Quelques journalistes vedettes

Composée du directeur BERNARD DESCÔTEAUX, de la rédactrice en chef JOSÉE BOILEAU, d'ANTOINE ROBITAILLE, de JEAN-ROBERT SANSFAÇON et de SERGE TRUFFAUT, l'équipe éditoriale du *Devoir* défend son orientation idéologique en respectant le ton calme et civilisé propre à l'éditorial de type traditionnel. Si on a pu dire, il y a quelques années, que la page éditoriale du *Devoir* manquait un peu de nerf, on doit aujourd'hui constater, avec plaisir, qu'elle a retrouvé son mordant, avec l'arrivée des Boileau et Robitaille. Pour nourrir intelligemment leur regard sur leur société, les Québécois nationalistes, souverainistes et sociaux-démocrates trouvent en cette page des points de vue sérieux et solidement argumentés qu'ils ne peuvent lire dans aucun autre grand quotidien. Serge Truffaut, qui commente les événements internationaux, s'inscrit dans la même lignée, mais avec une approche plus pédagogique, compte tenu de la nature de son objet.

Un des chroniqueurs les plus respectés au Québec, MICHEL DAVID cultive son indépendance d'esprit et évite le militantisme partisan, mais il est assez facile de deviner, sur la base d'indices clairs, qu'il est plus souverainiste et social-démocrate qu'autre chose. Il doit sa renommée à ses jugements souvent tranchants, qu'il distribue généreusement à gauche et à droite, et à l'acuité de ses analyses concernant les stratégies des diverses formations politiques québécoises. On pourrait en dire autant, d'ailleurs, de sa collègue CHANTAL HÉBERT, qui maîtrise admirablement les arcanes de la politique fédérale et en traite avec rigueur en cachant bien, toutefois, ses tendances idéologiques. Plus discrète, MANON CORNELLIER, elle aussi affectée à la politique fédérale, pratique une forme d'analyse plus froide et moins spectaculaire, mais souvent éclairante.

Ex-éditorialiste au *Devoir*, le chroniqueur FRANÇOIS BROUSSEAU est un des plus brillants commentateurs québécois de la scène internationale. Aussi chroniqueur d'information internationale à Radio-Canada, Brousseau se veut à la fois pédagogue et homme d'opinions. Sa grande connaissance de la politique internationale et sa maîtrise du style lui permettent un art de la synthèse et de la mise en contexte unique dans notre univers journalistique. Ses chroniques du lundi prennent parfois position, mais jamais au détriment de l'information. Plus effacé mais tout aussi connaisseur des grands dossiers internationaux, son collègue Claude Lévesque (fils de l'ancien premier ministre René Lévesque) propose aussi d'éclairantes analyses du mouvementé ballet qui anime cette scène.

Correspondant du *Devoir* à Paris (et ailleurs en Europe, si besoin est), Christian Rioux suit lui aussi de près l'actualité internationale ainsi que les grands débats intellectuels occidentaux. Sa vision socio-économique de centre gauche se rapproche d'un républicanisme centriste à la française et s'oppose au catastrophisme d'une certaine gauche plus radicale. Partisan d'un conservatisme culturel et scolaire inspiré par la pensée de la philosophe Hannah Arendt, Rioux est un observateur engagé de la société française, qu'il sait lire avec des yeux québécois, et de la société québécoise, vue à partir de la France.

Lise Payette fait partie de la famille des chroniqueurs ouvertement engagés. Animatrice, téléromancière et ex-politicienne célèbre (elle fut ministre dans le gouvernement de René Lévesque), elle ne fait pas mystère de ses convictions féministes et souverainistes. En 2007, à l'emploi du groupe Québecor et n'acceptant pas de jouer les briseurs de grève, elle a refusé de voir sa chronique publiée dans *Le Journal de Québec* pendant la durée du conflit de travail. Son noble geste lui a valu un congédiement… et un ticket pour les pages du *Devoir*. À l'âge où d'autres se rangent, Lise Payette n'a rien perdu de sa capacité d'indignation devant le cours cahoteux du monde. Ennemie du cynisme politicien (elle s'est acharnée sur le gouvernement de Jean Charest, soupçonné d'entretenir un système de corruption et de collusion dans l'attribution des contrats de travaux publics et dans le financement du Parti libéral du Québec) et citoyen (elle n'aime pas les décrocheurs civiques), féministe impénitente en une époque où cela ne fait plus florès, toujours souverainiste malgré les aléas de la cause, pacifiste raisonnée (elle s'est calmement opposée à l'intervention militaire canadienne en Afghanistan), elle offre le beau spectacle d'une femme de convictions qui refuse de penser en fonction de l'air du temps. Lise Payette continue de se battre, pourrait-on dire, mais non sans une certaine lassitude, au risque, parfois, de déprimer le lecteur.

Chroniqueuse ouvertement féministe et reconnue pour son honnêteté intellectuelle, FRANCINE PELLETIER, qui a rallié les rangs du *Devoir* en 2013, est sévère avec les puissants de ce monde et bienveillante à l'égard des petites gens, surtout des exclues. Elle fait entendre, dans l'univers médiatique québécois, la voix d'une gauche sociale modérée, mais intransigeante quant aux principes.

Arrivé au *Devoir* en 2012, DAVID DESJARDINS se signale rapidement par son style élégant et un peu poète. Chroniqueur attaché à une vie vécue avec la pensée – en janvier 2013, il se porte à la défense des cégeps, remis en cause par un candidat à la chefferie du Parti libéral du Québec, en écrivant que le cégep « est peut-être le seul endroit où l'on apprend à réfléchir au monde en dehors de soi », l'institution qui sert « à esquisser les contours d'une société qui ne sera peut-être pas plus heureuse, mais sans doute un peu moins conne » –, Desjardins cultive un ton empreint de gravité pour défendre, sans esprit de système, l'idéal contemporain de l'honnête homme, c'est-à-dire celui du citoyen qui croit à la justice sociale (nécessairement plutôt de gauche) et qui sait que la culture n'est pas un divertissement. Desjardins, au fond, est un moraliste des temps postmodernes, une espèce rare.

Chroniqueur au style totalement débridé, Jean Dion est une sorte de franc-tireur humoristique qui élève le cynisme au rang d'un des beaux-arts. Journaliste à la culture générale impressionnante, Dion ne laisse rien intact sur son passage. Passionné de sport, il est aussi le plus féroce critique des démesures du sport-spectacle à œuvrer dans nos quotidiens. Maître du mélange des genres et des registres, il démolit les idées reçues en poussant leur logique jusqu'à l'absurde, et ce, dans une langue d'une rare richesse qu'il triture en tous sens et sans relâche. À la longue, le cynisme de ce fou du roi haut de gamme finit par tanner, mais on y revient toujours.

Critique de variétés au style riche et imagé, Sylvain Cormier pratique son métier avec une passion peu commune. Toujours vibrants d'émotion, ses commentaires assument leur entière subjectivité et sont souvent de véritables bijoux d'écriture. Il ménage, en général, très mal ses emportements et ne connaît pas la demi-mesure. Aussi, ses textes sont pleins d'une passion qui, dans l'éloge comme dans le blâme, les rend savoureux, mais pas toujours rigoureux. « Qui m'aime me suive » semble être sa devise. Une semaine, on suit ; l'autre, non.

Journal de référence de grande qualité, *Le Devoir*, sans être sans défauts, est assurément le quotidien québécois qui s'approche le plus de l'idéal du journal sérieux par son refus du sensationnalisme, sa diversité d'opinions, sa fonction de principal carrefour intellectuel québécois (grâce à sa célèbre page « Idées »), son souci constant de la culture québécoise dans toutes ses facettes et son indépendance éditoriale. C'est, je l'ai déjà dit, le mien, ce qui ne va pas sans influencer mon point de vue. Aussi, à chacun de le lire et d'en juger.

La Ligue nationale des intellectuels
Éloge de la page « Idées »

C'était en mai 1991. C'était, n'importe quel centenaire vous le dira, hier. Le souvenir de la scène est très clair dans ma mémoire. C'est le matin, il fait beau, et je viens juste de quitter la maison pour me rendre au bureau de poste. J'ai 22 ans. La veille, j'ai rédigé, dans l'enthousiasme, un texte d'opinion qui dénonce « la démagogie populiste » du célèbre syndicaliste Michel Chartrand. Lors d'un passage à l'émission de Robert-Guy Scully, ce dernier, fidèle à son habitude, a donné son spectacle. Il s'en est pris vivement à l'animateur, pourtant plein de complaisance envers lui. Les intellectuels, a clamé en substance Chartrand, sont une nuisance publique. C'est aux travailleurs et aux ouvriers, le « vrai monde », qu'il faut donner la parole. Alors étudiant à l'UQAM et lecteur des essayistes français en vogue – je viens tout juste de terminer l'*Éloge des intellectuels* (Livre de poche, 1988), du flamboyant Bernard-Henri Lévy –, je n'ai pas supporté ce simplisme, pourtant accueilli avec jouissance à gauche et à droite. J'ai donc décidé de me mouiller en rédigeant un pamphlet destiné à la page «des idées, des événements» du *Devoir*, une première pour moi.

Avec l'enveloppe contenant mon texte dactylographié en main, je suis donc sur le trottoir, juste en face de la maison, quand j'entends mon père, sorti sur le perron pour fumer une cigarette au soleil, me lancer: «Perds pas ton temps avec ça, mon p'tit Louis. Tu sais bien que ce monde-là publiera pas un texte écrit par du monde comme nous autres.» Sublime paradoxe de la situation: alors que je m'apprête à envoyer au *Devoir* un texte qui dénonce le discours populiste de Michel Chartrand, mon père, qui m'appuie à 100%, comme d'habitude, même s'il n'est pas toujours d'accord avec moi, reprend presque mot pour mot le discours du syndicaliste! Il ne dit pas ça pour me diminuer – son tempérament le porte plutôt à afficher une superbe de paysan qui s'applique aussi à sa progéniture –, mais pour me prémunir contre la déception. «Ce monde-là», comme il dit, ne publiera pas mon texte, mais aura, bien sûr, tort. C'est ça qu'il me dit. Quelques jours plus tard, quand mon texte sera publié, il fera le tour du village pour clamer à tous ceux qu'il rencontre que son fils écrit dans *Le Devoir*, rien de moins.

Cette anecdote résume la scène inaugurale de mon entrée dans le monde intellectuel. Je la raconte souvent à mes étudiants, en guise d'introduction à ce que j'appelle mon histoire d'amour avec *Le Devoir*. Elle montre que mon père, eh oui, avait tort. «Ce monde-là», le monde du journalisme prestigieux, qu'il croyait fermé au «monde comme nous autres», était ouvert. Il ne jugeait pas la valeur des idées en fonction de leur provenance sociale, mais de leur valeur intrinsèque. Cette anecdote montre aussi qu'il y avait, au Québec, un lieu public où l'anti-intellectualisme ne régnait pas, où les débats d'idées étaient non seulement bienvenus, mais rois et maîtres. Et ce lieu, c'était *Le Devoir*, plus précisément sa page «des idées, des événements», devenue, plus tard, la page «Idées», carrefour intellectuel par excellence au Québec.

Jusqu'à l'adolescence, j'ai souhaité très fort devenir joueur de hockey ou de tennis professionnel. Au cégep, étudiant en sciences humaines, j'ai découvert le monde des idées. Mes professeurs de sociologie, de politique, d'histoire, de religion et de philosophie faisaient régulièrement référence au *Devoir*. Parmi les textes qu'ils distribuaient en classe, plusieurs provenaient de la page «des idées, des événements». J'étais, dans ce monde, comme un poisson dans l'eau. Je découvrais mon vrai monde, celui des idées et des débats. Mon rêve de jouer dans la Ligue nationale perdurait, mais la nature de la ligue, elle, avait changé: c'était désormais la Ligue nationale des intellectuels qui était mon but et elle s'incarnait dans une institution que mes enseignants avaient parée de tous les prestiges: *Le Devoir*.

Les journaux étudiants, collégiaux et universitaires, et les revues critiques de poésie, dirigées par mon professeur et ami Bernard Pozier, des Écrits des Forges, furent mes clubs-écoles. Je dois aussi à mes discussions avec André Baril, mon professeur de philosophie au cégep, et avec Pierre Milot, mon maître à l'université, une grande partie de mon véritable élan intellectuel initial. En 1991, la publication, dans *Le Devoir*, de mon texte sur Chartrand, grâce aux bons soins et à l'audace de

François Brousseau, alors responsable de la page « des idées, des événements », me donnait l'occasion de jouer dans la grande ligue.

Quelques jours plus tard, en effet, Andrée Ferretti me faisait l'honneur d'une leçon, dans cette même page, en m'expliquant qu'il ne s'agissait pas d'opposer les intellectuels au « vrai monde » de Chartrand, mais de valoriser, comme le syndicaliste le faisait lui-même, selon elle, la figure de l'intellectuel incarné. Au cours de ce même été 1991, j'ai eu la chance, pour m'en être pris au nationalisme de Paul Piché que je qualifiais de primaire, de subir la réplique du grand écrivain Yves Beauchemin. Je participais, dorénavant, à ce que le philosophe français Étienne Guillot appelle « le combat des idées sur le terrain des idées », et cela m'exaltait. « Contribuer à réformer la société en publiant ses critiques, écrit encore Guillot dans *Faut-il tolérer toutes les idées ?* (Milan, 2009), c'est moins spectaculaire que de faire la révolution, mais c'est une bonne occasion de se mettre au clair avec soi-même, de savoir au nom de quoi l'on s'indigne tout en provoquant au dialogue et à la discussion. »

Ce noble combat des idées, au Québec, s'est exprimé et s'exprime encore dans diverses revues intellectuelles. Or, dans ces lieux essentiels, que je continue de fréquenter par devoir et par plaisir, la discussion se déroule la plupart du temps en vase clos. Les idées n'y manquent pas ; c'est le public qui n'est pas au rendez-vous. Aussi, pour avoir une influence – même restreinte, puisque, sans cela, à quoi bon ? –, il faut en sortir, afin de rejoindre un auditoire plus vaste. Au Québec, la seule véritable tribune qui permet ce passage, sans obliger celui ou celle qui l'emprunte à réduire sa pensée à quelques slogans, est la page «Idées» du *Devoir*.

Depuis une vingtaine d'années, toutes les voix intellectuelles qui comptent au Québec s'y sont fait entendre. Ma seule mémoire suffit à en dresser une impressionnante liste : Omar Aktouf, Normand Baillargeon, Jacques Beauchemin, Yves Beauchemin, Louise Beaudoin, Victor-Lévy Beaulieu, Éric Bédard, Lise Bissonnette, Mathieu Bock-Côté, Gérard Bouchard, Serge Cantin, Françoise David, Stéphane Dion, feu Georges Dor (avec lequel j'ai amicalement croisé le fer sur la question de la qualité de la langue au Québec), Pierre Dubuc, Christian Dufour, le regretté Fernand Dumont, Francis Dupuis-Déri, feu Pierre Falardeau, Andrée Ferretti, Pierre Fortin, Jacques Grand'Maison, Yves Gingras, Julius Grey, Daniel Jacques, Guy Laforest, Bernard Landry, Jean Larose, Léo-Paul Lauzon, Jean-François Lisée, Jocelyn Létourneau, Pierre Milot, Denis Monière, Pierre Nepveu, Jacques Parizeau, Jacques Pelletier, Robin Philpot, Jean-Marc Piotte, François Ricard, Yvon Rivard, Guy Rocher, Claude Ryan, Michel Seymour, Charles Taylor, Joseph-Yvon Thériault, feu Laurent-Michel Vacher, feu Pierre Vadeboncoeur, Michel Venne, Jean-Philippe Warren et tous les autres qu'injustement j'oublie.

Il y a là, on ne pourra que le reconnaître, une sacrée belle famille d'intellectuels, souvent à couteaux tirés, bien sûr, puisque c'est là la nature même de leur fonction, qui ont trouvé en cette page illustre une tribune à partir de laquelle faire porter leur voix. Dans un Québec où l'anti-intellectualisme, entretenu par plusieurs amuseurs publics qui font office de penseurs médiatiques, a trop souvent bonne réputation dans le grand public, la page « Idées » a permis à la pensée québécoise, qu'elle soit de gauche ou de droite, fédéraliste ou souverainiste, d'avoir un lieu quotidien à elle et, c'est fondamental, de nombreux lecteurs exigeants. Elle a été dirigée, depuis 1991 et dans l'ordre chronologique, par François Brousseau, Jean-Robert Sansfaçon, Paule Des Rivières, Josée Boileau et Marie-Andrée Chouinard. Ces journalistes, qui ont dû assumer la lourde mais stimulante responsabilité d'animer la vie intellectuelle québécoise par leurs choix, méritent d'être salués.

J'ai beau disposer, depuis 1998, d'une chronique hebdomadaire dans *Le Devoir*, avoir le privilège d'être, d'une certaine façon, un joueur habituel dans la Ligue nationale des intellectuels, je continue d'entretenir un rapport particulier, affectif dirais-je, avec la page « Idées ». Quand j'ai une opinion argumentée qu'il me semble impérieux de rendre publique, c'est à elle que je pense. Ce « monde-là », celui du débat public de qualité, celui des idées, qui s'exprime dans *Le Devoir* et plus particulièrement dans la page « Idées », est bien le mien, comme il est, vous tous, amis du *Devoir* qui lisez ces lignes, le vôtre.

Texte paru dans *Le Devoir. Un siècle québécois*, sous la direction de Jean-François Nadeau, Montréal, Éditions de L'Homme, 2010.

Impromptu sur la radio et la télé

Les quotidiens ne sont pas les seules sources d'information et d'opinion. Certaines émissions de radio et de télé se consacrent aussi à ces fonctions et, sans en suggérer une présentation et une analyse détaillées puisque tel n'est pas l'objet de cet essai (et que les jeux de chaise musicale sont nombreux dans ces univers), il n'est certes pas inutile d'en dire quelques mots afin d'offrir au lecteur un portrait d'ensemble du journalisme québécois.

Les principes généraux énoncés au sujet du journalisme écrit s'appliquent aussi au journalisme radio et télé à quelques nuances près. Le genre éditorial, par exemple, ne concerne que l'écrit, mais cela ne signifie pas pour autant que la distinction entre l'information et l'opinion perd son sens dans les autres médias. De même, les genres journalistiques privilégiés par les différents médias ne sont pas les mêmes et ne s'actualisent pas tout à fait de la même manière (à ce sujet, je recommande fortement de lire les pages que Pierre Sormany consacre à ces distinctions dans *Le métier de journaliste*), mais ils ne changent pas de nature en changeant de support.

Radio

En journalisme radio, la seule véritable référence est la Première Chaîne de Radio-Canada. Dotée d'un service de l'information d'une rare qualité qui couvre les scènes régionale, nationale et internationale, cette chaîne met aussi en ondes une foule d'émissions d'affaires publiques absolument irremplaçables dans le contexte québécois. Retenons, pour aller à l'essentiel, les trois grands rendez-vous quotidiens qu'elle offre en semaine.

L'émission *Pas de midi sans info* (de 11 h à 13 h), animée par l'expérimenté MICHEL C. AUGER, fait quotidiennement le point sur toutes les actualités qui comptent, au Québec ou ailleurs. Dans *La Presse* du 22 décembre 2012, la chroniqueuse Lysiane Gagnon accueille avec enthousiasme cette émission qui vient tout juste, alors, d'être lancée. « Voici, écrit-elle en parlant de Michel C. Auger, un homme bien informé, bien documenté, capable d'interviewer n'importe qui courtoisement, mais sans complaisance, qui a à la fois l'assurance d'un vétéran du journalisme et la modestie de s'effacer devant le sujet à traiter… De l'information pure et dure sans commentaire oiseux, qui s'écoute agréablement tout en vous instruisant. » Même si on peut déplorer le fait que cette émission remplace désormais la dernière tribune téléphonique qui existait à la radio publique (*Maisonneuve en direct*), on doit donner raison à Gagnon : pour s'informer sur l'heure du midi, *Pas de midi sans info* est le choix par excellence.

Les magazines généralistes (informations, commentaires, sports, météo, circulation) du matin (5 h à 9 h) et de fin d'après-midi (15 h à 18 h 30) sont ce qui se fait de mieux dans le genre. Communicateur brillant, dynamique et curieux doublé d'un homme de culture, René Homier-Roy, avec son style à la fois fin et convivial, a assuré des réveils informés et agréables à ses auditeurs pendant quinze ans, avant d'annoncer son départ au printemps 2013. Animatrice chevronnée et énergique, capable de passer avec aisance du bavardage branché à une entrevue de fond sur des sujets sérieux, Marie-France Bazzo, qui ne résiste pas toujours à la tentation de prendre la pose, a pris le relais à l'automne 2013, devenant ainsi la première femme à occuper ce créneau dans l'histoire de Radio-Canada.

MICHEL DÉSAUTELS, quant à lui, est peut-être l'incarnation la plus parfaite de l'homme de radio idéal. Dans *L'actualité* du 15 décembre 2012, le chroniqueur culturel André Ducharme, inquiet de l'état de santé de l'animateur (victime d'un accident vasculaire cérébral quelques jours avant), lui rendait hommage. « À la manière de Montaigne, qui s'adressait à l'honnête homme plus qu'à l'érudit, vous rendez l'auditeur présent au monde, vous lui donnez ce qui lui manque au moment où il en a besoin, écrit Ducharme à Désautels. En votre compagnie, ne nous prend jamais l'étourderie de zapper, empêchés, il est vrai, par votre voix – ce coffre-fort rempli d'or. Aussi affûté sur des sujets pointus que renseigné sur le dernier potin, vous émettez au micro une pensée claire, dans une formulation limpide, sans mots-tics, usant de l'intonation, voire de la dérision – bien élevée, certes, mais délicieusement efficace. » Ce qui rassure, et qui fait la preuve de la solidité de l'équipe radio-canadienne, c'est qu'on pourrait en dire presque autant de l'excellent Jacques Beauchamp, remplaçant attitré de Désautels durant son absence.

En fait, un auditeur qui serait branché en permanence sur la Première Chaîne de Radio-Canada, exempte de publicité, pourrait avantageusement se réclamer du statut de citoyen très bien informé et, au surplus, il ne s'ennuierait pas souvent.

La concurrence, dans le genre, n'est pas à la hauteur et n'est assumée que par la station 98,5 FM, le « FM parlé de Montréal », dont le propriétaire est le groupe Cogeco. Locomotive de cette station, l'animateur PAUL ARCAND s'impose comme une référence en matière d'information à la radio privée. Communicateur efficace et charismatique, Arcand, qui anime l'émission du matin (5 h 30 à 10 h), projette l'image d'un interviewer sans peur et sans reproche habile à tirer les vers du nez à ceux qui ont des choses à cacher. On peut, toutefois, lui reprocher sa tendance à ne pas toujours faire la part de l'information et de l'opinion dans les remarques dont il parsème son émission et son sens du spectacle un peu trop prononcé qui l'amène à confondre son rôle d'animateur, donc soumis à une certaine neutralité, avec son désir de jouer les justiciers. Un peu plus de modestie et de prudence ne lui ferait pas de tort.

Benoît Dutrizac, animateur de l'émission du midi (12 h à 15 h), appartient à la famille des grandes gueules radiophoniques. Moins excité qu'un Gilles Proulx, qui l'a précédé à ce poste, il adopte néanmoins l'habit du franc-tireur (il coanime d'ailleurs l'émission du même nom, à Télé-Québec, avec Richard Martineau) qui n'hésite pas à bousculer ses interlocuteurs. Dans la pose de l'observateur bourru qui en a marre des affaires qui niaisent, Dutrizac, un peu à la manière d'un Paul Arcand, se présente comme l'éclaireur du monde ordinaire en quête de vérité. À ce titre, il ne se positionne ni vraiment à gauche ni vraiment à droite, mais finit souvent par défendre une sorte de pragmatisme du « gros bon sens » qui le rapproche des populistes de droite, audacieux dans le ton, mais conformistes sur le plan idéologique. Il correspond bien, en ce sens, à l'esprit du « FM parlé de Montréal ».

Animateur du magazine d'information de fin d'après-midi (15 h à 18 h 30), le sympathique Paul Houde donne à son émission un ton plus divertissant

que strictement informatif. Doté d'une mémoire ency-
clopédique phénoménale, Houde, plus saltimbanque
que journaliste, informe ses auditeurs sur un ton gail-
lard, en les amusant. Écouter cette émission, c'est un
peu comme jaser d'actualité avec des amis dans un
5 à 7. Sans être désagréable, cette approche, dans laquelle une nouvelle sur une prise d'otages en Algérie
est mise sur le même plan que l'annonce d'une nouvelle émission à TVA, ne brille pas par sa rigueur.

Les émissions d'Arcand, Dutrizac et Houde
font appel à plusieurs chroniqueurs provenant
d'autres médias (*Le Journal de Montréal*, *La Presse*,
Le Devoir, Télé-Québec). Cette formule leur permet d'être très dynamiques et de présenter une belle
diversité d'opinions.

De la radio extrême au Québec

On l'appelle *trash radio*, radio-poubelle ou encore radio
de confrontation. Certains, qui ne lisent probablement
pas ce journal, s'en délectent. Elle fait rire, affirment-ils,
mais, surtout, elle dit «les vraies affaires». Apparue aux
États-Unis dans les années 1960, cette *talk radio* vulgaire et agressive n'a pas épargné le Québec où elle
sévit, plus particulièrement, dans la région de Québec
par les voix tapageuses de Jean-François Fillion et du
«roi» André Arthur. Le principe en est simple : des propos choquants, dénigrants ou obscènes balancés par un
animateur-vedette à un auditoire complice sur le dos de
tiers absents.

Compte tenu du caractère franchement inaccep-
table du phénomène, vaut-il la peine d'en faire l'analyse ?

Ne serait-ce, me semble-t-il, que pour mieux comprendre cet univers et la fascination qu'il engendre, de même que pour mieux démasquer ses variantes moins extrêmes mais néanmoins dommageables (par exemple, les styles Mailloux, Proulx ou Mongrain), l'exercice s'impose. En 1995, un collectif dirigé par Florian Sauvageau et intitulé *Les tribuns de la radio* s'était penché sur le phénomène. Cette fois-ci, c'est une équipe de spécialistes du langage de l'Université Laval, sous la direction de Diane Vincent et Olivier Turbide, qui s'est attelée à cette tâche. Savantes, brillantes, très éclairantes et facilement transposables à des phénomènes connexes, les considérations qu'ils nous présentent dans *Fréquences limites. La radio de confrontation au Québec* témoignent avec force de la nécessité d'un discours universitaire qui ne craint pas de sortir de sa tour d'ivoire. Il s'agissait, écrivent les directeurs de ce projet, de « montrer aux étudiants (et à la communauté) que les analyses du discours permettent d'aborder un phénomène social complexe et de s'impliquer avec pertinence dans un débat de société ». Ils peuvent dire, sur toute la ligne, mission accomplie !

Les vraies affaires ?

Figure dominante de la radio extrême québécoise, André Arthur est le principal sujet de *Fréquences limites*. Quelles sont ses stratégies ? Ses cibles ? Quel impact social ont ses discours ? Maître du dénigrement, Arthur, pour attaquer ses principales cibles que sont le gouvernement, l'Église catholique, le corps professoral, l'armée et les syndicats, déploie une rhétorique solide qui fait appel à de multiples figures de style et à divers procédés discursifs de présentation. Ces techniques, on le constate à l'analyse, lui permettent de prétendre dire «les vraies affaires» au moment où il ne dit, en fait, que «des affaires qui ont l'air vrai». Maître, aussi, de l'impolitesse, Arthur transgresse sans cesse les règles de l'interaction humaine en méprisant les interlocuteurs qui s'opposent à ses opinions populistes.

Et puis après? rétorqueront peut-être ceux pour qui il ne faut pas faire tout un plat de ces clowns agressifs qu'on peut toujours ne pas écouter si ça nous chante. Le problème, indiquent Vincent et Turbide, c'est que ces communicateurs influencent le discours public: «Ils influencent à cause du ton qu'ils utilisent et qui est reproduit dans la société. Ils influencent parce qu'ils ont des auditeurs qui font sortir de l'espace radiophonique leurs propos insultants, dévalorisants et mensongers. Ils influencent parce qu'ils poussent des gens à agir, à haïr, à se faire justice.»

Peut-on en dire autant du «psy à l'écoute» Pierre Mailloux et de son collègue Marc Pistorio (qui n'est plus en ondes), qui jouent les conseillers radiophoniques? Moins ouvertement agressifs que les Arthur et Fillion, les deux psys sont-ils pour autant moins dommageables? Dans une très solide analyse qui fait appel aux thèses de Michel Foucault, Yves Couturier, Dominique Gagnon et Sébastien Carrier répondent non à cette question. Plutôt qu'à une activité d'information ou même à un débat, indiquent-ils, c'est à une «activité d'intervention sociale visant à instruire la responsabilité individuelle de développer le *souci de soi*» que se livrent les deux psys.

Reconduisant la valorisation contemporaine du sujet en tant que celui «qui fait de sa vie un projet clinique, ce qui implique une activité d'autocorrection, d'auto-intervention», Mailloux et Pistorio, volontairement ou non, construisent leur spectacle et imposent leur idéologie réactionnaire au détriment des plus fragiles de leurs auditeurs. Quel est, en effet, «l'impact de cette ultrafocalisation sur la responsabilité individuelle d'auditeurs dépossédés des moyens d'une liberté réelle? En appeler à la responsabilité dans ce contexte, c'est conduire nombre d'auditeurs à la souffrance.»

Fréquences limites, en mettant à nu les stratégies habiles mais délétères des vedettes de la radio de confrontation au Québec, nous permet non seulement de les comprendre pour ne pas en être dupes, mais il nous offre aussi une brillante et accessible leçon de rhétorique et d'argumentation. Après l'avoir lu, vous n'écouterez plus jamais les grandes gueules du supposé «gros bon sens» de la même façon.

Sous la direction de Diane Vincent et Olivier Turbide, *Fréquences limites. La radio de confrontation au Québec*, Québec, Nota bene, 2004, 210 pages.

Le Devoir, 29 mai 2004

Télé

Le journalisme télé à la québécoise exigerait, à lui seul, un ouvrage complet, tant ses manifestations sont nombreuses et variées. On peut, au moins, à l'intérieur de ce survol, retenir ceci, qui est l'essentiel.

Sur le plan de l'information, un seul rendez-vous s'impose comme une véritable référence: *Le Télé-*

journal de Radio-Canada, à 22 h, animé, en semaine, par Céline Galipeau et, les fins de semaine, par Pascale Nadeau. Fort de la plus imposante et de la plus expérimentée équipe de journalistes télé au Québec, ce téléjournal offre toujours un excellent résumé des événements de la journée qui se sont déroulés sur les scènes régionale, nationale et internationale. Ici, pas de confusion : on nous informe, en laissant le commentaire et l'opinion de côté. Un rendez-vous incontournable, comme on dit.

Animée par ALAIN GRAVEL, l'émission d'affaires publiques *Enquête* (jeudi, 21 h) explore surtout des enjeux nationaux. Lancée, en septembre 2007, par une retentissante enquête sur le dopage jusque-là caché de la cycliste québécoise Geneviève Jeanson, cette émission permet de dépasser l'actualité au quotidien et d'en découvrir les coulisses. On doit aux journalistes de cette émission, particulièrement aux courageux Alain Gravel et Marie-Maude Denis, les principales révélations sur la collusion et la corruption dans l'industrie de la construction et sur le financement illégal des partis politiques qui ont mené, en 2012, à la mise sur pied de la Commission Charbonneau, portant sur ces mêmes sujets. Je le martèle à mes étudiants en journalisme : *Enquête* est une émission d'affaires publiques essentielle, la meilleure de la télévision québécoise. Un complément nécessaire aux bulletins télévisés.

On peut aussi souligner, sans entrer dans les détails, la qualité générale des émissions diffusées sur RDI, la chaîne d'information continue de Radio-Canada. Pour faire le tour de l'actualité quotidienne, *24 heures en 60 minutes* (en semaine, 19 h), l'émission d'entrevues menée par la solide Anne-Marie Dussault, est tout indiquée. Sérieuse, intelligente, rigoureuse et impartiale, Dussault est assurément la meilleure intervieweuse au Québec.

Bulletin de nouvelles le plus populaire en soirée, *Le TVA*, animé par Sophie Thibault à la station du même nom, est un téléjournal de qualité, mais sa portion internationale manque de substance, au profit d'une plus grande place accordée aux faits divers. En général, d'ailleurs, le service de l'information du réseau TVA est rigoureux et professionnel, mais le statut de diffuseur privé de ce réseau s'accompagne d'une approche nécessairement plus commerciale de l'information.

On le constate, surtout, avec le bulletin de l'heure du souper, *Le 17 heures*, animé par le vétéran Pierre Bruneau. On ne peut plus vraiment parler, d'ailleurs, de bulletin de nouvelles pour désigner ce format qui mélange l'information, l'opinion et le divertissement. Il s'agit plutôt, en fait, d'un magazine, inspiré par une forme radiophonique, qui sert à accompagner l'auditeur de retour à la maison après une journée de travail. Ainsi, à quelques bribes d'information présentées en boucle et découpées en tranches afin d'étirer la sauce, s'ajoutent des commentaires sur l'actualité, de multiples plages météo, des promotions et critiques dans le monde des arts et spectacles, des nouvelles sportives (confiées au maladroit joueurnaliste Dave Morissette) et, évidemment, des tonnes de publicités. Frustrant en ce qu'il exige une longue écoute à celui qui espère avoir accès à toutes les informations essentielles, ce format semble néanmoins avoir la cote populaire.

Il ne s'agit pas tant, cela dit, de condamner radicalement cette approche que de l'évaluer avec lucidité, c'est-à-dire en faisant la part de ce qui relève, en elle, de l'information par rapport à l'opinion, du divertissement par rapport à l'essentiel, et en rappelant qu'elle exige un investissement de temps considérable par rapport au peu de substance qu'elle offre.

On peut notamment entendre, dans cette émission, les commentaires sociopolitiques de Mario Dumont et les analyses politiques de l'ineffable JEAN LAPIERRE. Ce dernier, qui sévit aussi au 98,5 FM dans les émissions de Paul Arcand et de Paul Houde, est une sorte de mémère de l'actualité politique canado-québécoise, qu'il commente comme s'il s'agissait d'une joute sportive, c'est-à-dire à peu près uniquement sur la base de considérations stratégiques partisanes. Lapierre, en d'autres termes, se contente de rapporter, sur un ton espiègle, les paroles des acteurs politiques et de se demander quel profit politique ils en tireront. Ses analyses ressemblent à des descriptions de matchs de lutte. Parfois, en l'écoutant à TVA, on a l'impression d'entendre la caricature qu'en propose Serge Chapleau à son émission *Laflaque* (Radio-Canada, dimanche, 19 h 30).

Son collègue CLAUDE POIRIER est aussi un cas. Potineur judiciaire qui aime jouer les superhéros, Poirier, dont la carrière a fait l'objet d'une télésérie à succès (*Le négociateur*), maîtrise l'art de transformer des faits divers insignifiants en débats de société. La morgue avec laquelle il balance à l'auditeur ses opinions démagogiques sur à peu près n'importe quoi lui donne une allure sérieuse, mais, tout compte fait, il demeure essentiellement un amuseur public, versé dans l'art de se mettre en valeur dans la pose de celui qui est dans le secret des dieux criminels et policiers.

Pour obtenir de l'information-minute, on peut se brancher sur LCN (Le Canal Nouvelles), la chaîne d'information continue du groupe Québecor, dont l'esprit général présente, grosso modo, les mêmes qualités et défauts que l'information à la sauce TVA. En semaine, à travers de courts bulletins de nouvelles présentés en boucle, Richard Martineau, Mario Dumont et Claude Poirier y animent des émissions d'affaires publiques, fortement colorées par leur personnalité de populistes de droite.

Vedette de cette chaîne, l'animateur DENIS LÉVESQUE y présente quotidiennement, les soirs de semaine (19 h), une émission d'entrevues qui tourne souvent au *freak show* (victimes de toutes sortes, vedettes sur le retour, charlatans du paranormal en quête de respectabilité, commentateurs sociopolitiques spectaculaires mais sans profondeur). On ne peut plus parler, dans ce cas, d'une véritable émission d'information ou d'opinion sérieuse, mais d'un divertissement autour de l'actualité.

En matière d'information et d'opinion, la radio et la télévision ne remplaceront jamais les médias écrits, qui offrent toujours plus et, dans la plupart des cas, mieux. Les médias électroniques, cela dit, ne sont pas à négliger pour autant, et connaître les forces et les faiblesses de chacun d'entre eux en matière de journalisme doit faire partie de la trousse du citoyen consciencieux, qui est ainsi à même d'aller à l'essentiel, de ne pas perdre son temps et de ne pas prendre des vessies pour des lanternes.

Conclusion
Consentir au monde

Petite société à l'échelle du monde, le Québec peut compter sur trois quotidiens francophones nationaux (sans compter sept autres quotidiens francophones régionaux et un quotidien anglophone montréalais) qui offrent des expériences de lecture enrichissantes et distinctes. On souhaiterait, bien sûr, une diversité encore plus grande. Comme le mentionne Mario Cardinal dans *Il ne faut pas toujours croire les journalistes* : « Québecor rejoint tous les matins, à Montréal, 60 % des lecteurs de quotidiens et, tous les soirs, plus du tiers des téléspectateurs francophones, sans compter les lecteurs de ses nombreux hebdomadaires, revues spécialisées, magazines populaires qui en constituent la mosaïque. Dans la région de Québec, c'est presque la moitié des téléspectateurs qui s'abreuvent aux télé-journaux de Québecor. Power Corporation prend le reste des quotidiens, à part les miettes que *Le Devoir* vient à bout de recueillir dans l'ensemble de la province. Le paysage télévisuel n'a pas meilleure mine, Québecor et Cogeco-Bell (TQS) [vendu, au printemps 2008, à Remstar, qui a aboli les informations à son antenne] accaparant 80 % de l'écoute pendant les journaux télévisés. »

L'idéal, pour chaque citoyen, serait de lire chaque jour les trois principaux quotidiens francophones (sans négliger, selon les régions, les autres quotidiens) afin de les comparer et d'avoir accès au meilleur de chacun d'eux. Les contraintes de temps, évidemment, rendent extrêmement difficile la réalisation de cet idéal pour la vaste majorité des Québécois. Aussi, il faut faire un choix en étant bien conscient de ce qu'on y gagne et de ce qu'on y perd.

L'ambition de ce modeste essai est justement de permettre un choix éclairé, en cette matière, en fonction des valeurs et intérêts de chacun. Je ne puis qu'espérer, à ce stade, qu'il remplira sa mission. S'il incitait au moins tous ceux qui le lisent à devenir tout simplement des lecteurs de journaux assidus, que ce soit du *Journal de Montréal*, de *La Presse* ou du *Devoir*, il n'aurait pas, je crois, été inutile.

J'ai, dans ma vie, beaucoup lu. De la poésie, des romans, des essais, des revues et des journaux. De toutes ces lectures, aucune ne m'a procuré, sur le long terme, un plaisir aussi intense que la lecture du journal quotidien et aucune, je ne crains pas de le dire, ne m'a autant déniaisé. La lecture du journal quotidien donne, en effet, à celui qui s'y adonne, une prise sur le monde que rien d'autre ne saurait lui fournir, en suscitant sa curiosité dans tous les azimuts et en lui rappelant qu'il n'appartient qu'à lui de devenir acteur de l'histoire du monde en marche.

Comme le note le philosophe André Comte-Sponville dans *La sagesse des Modernes* (Pocket,

1999): «Bien sûr que la vérité et l'information ne coïncident pas toujours, ou plutôt ne coïncident jamais. La vérité est infinie. Comment l'information pourrait-elle la contenir absolument ou tout entière ? Informer, c'est choisir, c'est interpréter, c'est prendre parti. Mais, même avec l'information telle qu'elle est, imparfaite [...], je reste convaincu que nos contemporains sont beaucoup mieux informés aujourd'hui qu'ils ne l'ont jamais été dans le passé. Cela ne dispense pas les journalistes de faire mieux leur travail, mais c'est une évolution en soi positive. L'information n'est pas la vérité ; mais que saurions-nous de la vérité sans l'information ? »

Lire un quotidien, c'est refuser l'isolement et choisir le partage qui est toujours le premier pas vers cette solidarité sans laquelle l'humanité courrait à sa perte. Lire un quotidien, c'est quitter le quant-à-soi et accueillir le désordre de la vie en sachant qu'il a besoin de nous autant que nous avons besoin de lui. Lire un quotidien, c'est porter le monde avec soi à cœur de jour, c'est déjà vivre avec les autres qui comptent en prenant, comme on dit, de leurs nouvelles. Une fois qu'on y a consenti, le retour en arrière n'est plus possible. Ceux qui s'y refusent sont à plaindre. D'ailleurs, ceux qui disent que les médias nous cachent des choses n'ont pas tort. Ils oublient simplement de dire que s'ils savent cela, c'est parce qu'ils l'ont lu dans le journal.

DOSSIER

Notice biographique

Né à Saint-Gabriel-de-Brandon en 1969, Louis Cornellier est chroniqueur au journal *Le Devoir* depuis 1998. Il enseigne le français, langue et littérature, au Cégep régional de Lanaudière à Joliette depuis 1991. Cofondateur de la revue *Combats*, dont il a été le rédacteur en chef de 1995 à 2006, il a publié des textes d'opinions dans plusieurs revues d'idées québécoises (*L'Action nationale*, *Cité Libre*, *Relations*, *Spirale*, *Le Couac*, *Québec français*, *Possibles*, *L'Aut'journal* et *Options CSQ*). Il a collaboré à *L'Annuaire du Québec* de 2000 à 2006 et a été chroniqueur à l'hebdo lanaudois *L'Action* de 2007 à 2012.

Il a fait ses études primaires à Saint-Gabriel et ses études secondaires à Saint-Gabriel et à Saint-Félix. Il est diplômé en sciences humaines du cégep de Joliette et en études littéraires de l'UQAM. Il s'intéresse particulièrement à la littérature, à la philosophie, aux sciences humaines, aux sports et aux débats québécois.

Du même auteur

POÉSIE

Neurones fragmentés, Trois-Rivières, Écrits des Forges, 1990.

Pavane pour des proses défuntes, Trois-Rivières, Écrits des Forges, 1994.

Folklore (avec Éric Cornellier et Dominique Cornellier), Outremont, Lanctôt éditeur et Danielle Shelton éditrice, 2001.

ESSAIS

Cinq intellectuels sur la place publique (sous la direction de Louis Cornellier), Montréal, Liber, 1995.

Plaidoyer pour l'idéologie tabarnaco, Montréal, Balzac-Le Griot, 1997.

Devoirs d'histoire. Des historiens québécois sur la place publique, Sillery, Septentrion, 2002.

À brûle-pourpoint. Interventions critiques, Sillery, Septentrion, 2003.

Figures québécoises. Portraits critiques, Sillery, Septentrion, 2004.

Lire le Québec au quotidien. Petit manuel critique et amoureux de journalisme québécois à l'usage de ceux qui souhaitent bien lire les quotidiens d'ici, Montréal, Éditions Varia, 2005. (Épuisé)

Lettre à mes collègues sur l'enseignement de la littérature et de la philosophie au collégial (avec les répliques de Marc Chabot, Michel Morin, Jean Pierre Girard et Monique LaRue), Québec, Nota bene, 2006.

L'art de défendre ses opinions expliqué à tout le monde, Montréal, VLB éditeur, 2009.

À plus forte raison. Chroniques de L'Action, Québec, PUL, 2011.

Dans mon carquois. Dernières chroniques de L'Action, Québec, PUL, 2013.

Réception critique

« Une brillante analyse, subjective mais impartiale, de nos trois quotidiens montréalais. [...] Ce "petit manuel" est rafraîchissant. Il ouvrira les yeux des jeunes trop candides qui confondent journalisme et objectivité. Prof Tit-Louis, fier gavroche, n'est pas couard, ça... »

CLAUDE JASMIN
L'Express d'Outremont &
Mont-Royal, 27 octobre 2005

« Son style limpide, son ton franchement amical et sa grande volonté de vulgariser un domaine qui, tout en nous étant très familier, ne l'est pas tant que ça, font de *Lire le Québec au quotidien* l'ouvrage idéal pour intéresser un jeune lectorat à l'univers journalistique. Avec sa structure parfaite et son contenu débonnaire, ce guide (comme son auteur sans aucun doute) est redoutablement charmant ! »

CARLOS BERGERON
Lettres québécoises, été 2006

« J'insiste : *Lire le Québec au quotidien* est une lecture incontournable pour tous et sûrement une lecture obligatoire pour les cégépiens. »

JEAN-FRANÇOIS CRÉPEAU
Le Canada français, 30 novembre 2005

« Diablement intéressant [...] surtout quand il parle de Foglia, mon idole dans toutes les langues que je peux lire. »

RÉJEAN TREMBLAY
La Presse, 23 octobre 2005

« On peut être d'accord ou pas avec [Cornellier], mais on ne peut mettre en doute son amour véritable des journaux. »

NATHALIE COLLARD
La Presse, 9 octobre 2005

« Dans son essai *Lire le Québec au quotidien*, [Cornellier] présente les qualités et les défauts de *La Presse*, du *Journal de Montréal* et du *Devoir*. Il pousse même l'audace jusqu'à faire de courts portraits des principales signatures de ces grands journaux. »

PIERRE CAYOUETTE
L'actualité, 15 octobre 2005

Au sujet de l'édition de 2008 :

« Ce petit manuel critique remplit bien la mission qu'il s'est donnée : former des lecteurs et non des journalistes. Ces derniers auraient cependant avantage à le lire, au même titre que les ouvrages pédagogiques qui leur sont destinés, tel *Le métier de journaliste*, de Pierre Sormany. »

STÉPHANE PLANTE
Jobboom, novembre-décembre 2008

« Dans la nouvelle édition de son petit livre *Lire le Québec au quotidien*, le collaborateur au *Devoir* Louis Cornellier fournit au citoyen ordinaire des outils pour décoder nos grands journaux. Lire un journal, pour l'auteur, est une "dépendance qui déniaise". Jolie formule. »

STEVE PROULX
Voir, 4 septembre 2008

« Difficile évidemment lorsqu'on s'appelle Cornellier, journaliste au *Devoir*, d'allégeance souverainiste et sociale-démocrate, de rester subjectivement honnête lorsqu'on présente Dubuc, Pratte ou même Picher de *La Presse* ; mais l'auteur réussit très bien cet exercice de contorsionnisme journalistique. [...] Chose certaine, si j'avais à donner un cours sur les médias au Québec, [ce livre] ferait partie des lectures obligatoires. »

DANIEL GOMEZ
*Les cahiers de lecture de
L'Action nationale*, automne 2008

« Un peu comme Foglia, mais avec plus de constance, de générosité, de rigueur et de limpidité, Cornellier, journaliste d'un naturel désarmant, sait démasquer l'exagération et l'artifice chez beaucoup d'intellectuels québécois. »

MICHEL LAPIERRE
Le Devoir, 13 septembre 2008

Table des matières

Cet ouvrage composé en Sabon corps 10, a été achevé d'imprimer au Québec
sur les presses de Marquis Imprimeur le dix-huit juin deux mille treize
pour le compte des Éditions Typo.